Temas de
Direito Bancário

visite nosso site
www.editorapillares.com.br

Dados Internacionais de Catalogação na Publicação (CIP)
(Câmara Brasileira do Livro, SP, Brasil)

Talavera, Glauber Moreno
Temas de direito bancário / Glauber Moreno
Talavera. -- São Paulo : Editora Pillares, 2011.

Bibliografia.

1. Direito bancário 2. Direito bancário –
Brasil I. Título.

11-02532   CDU-347.734

Índices para catálogo sistemático:
1. Direito bancário: Direito comercial
   347.734

ISBN 978-85-89919-89-0

GLAUBER MORENO TALAVERA

Temas de Direito Bancário

São Paulo – SP
2011

© Copyright 2011 by Editora Pillares Ltda.

Conselho Editorial:
Armando dos Santos Mesquita Martins
Gaetano Dibenedetto
Ivo de Paula
José Maria Trepat Cases
Luiz Antonio Martins
Wilson do Prado

Revisão:
Maria Inez Lorena

Editoração e capa:
Triall Composição Editorial Ltda.

Editora Pillares Ltda.
Rua Santo Amaro, 586 – Bela Vista
Telefones: (11) 3101-5100 – 3105-6374 – CEP 01315-000
E-mail: editorapillares@ig.com.br – Site: www.editorapillares.com.br
São Paulo – SP

TODOS OS DIREITOS RESERVADOS. Proibida a reprodução total ou parcial, por qualquer meio ou processo, especialmente por sistemas gráficos, microfílmicos, fotográficos, reprográficos, fonográficos, videográficos. Vedada a memorização e/ou a recuperação total ou parcial, bem como a inclusão de qualquer parte desta obra em qualquer sistema de processamento de dados. Estas proibições aplicam-se também às características gráficas da obra e a sua editoração. A violação dos direitos autorais é punível como crime (art. 184 e parágrafos, do Código Penal, cf. Lei nº 10.695/2003), com pena de prisão e multa, conjuntamente com busca e apreensão e indenizações diversas (Lei nº 9.610, de 19-02-98).

Impresso no Brasil

DEDICATÓRIA

Ao Senhor Jesus Cristo, o Rei de Israel – o Príncipe da Paz, pois sem ELE nada poderia realizar.

A Elaine, a melhor metade de mim.

Ao Matheus e a Maria Fernanda, meus bens maiores nessa dimensão temporal da existência.

Sumário

Apresentação 11

Prefácio 15

A tarifa bancária para confecção de cadastro 17

As clássicas pirâmides financeiras e os atuais 'grupos de amigos' ...21
Jornal Valor Econômico. in Legal & Jurisprudência, 22 de março de 2010.

A Lei do Sistema de Consórcio e os vetos presidenciais 25
Jornal Valor Econômico. in Legal & Jurisprudência, 22 de outubro de 2009.

Associações ou escritórios de advocacia? Eis a questão. 29
Jornal Eletrônico A Comarca. in www.comarcanet.com.br. 21 de setembro de 2009.

As ações revisionais e as novas Súmulas do STJ 33
Revista Eletrônica Migalhas. in www.migalhas.com.br. 16 junho de 2009.

Os limites da cumulação de outros encargos com a comissão de permanência 39
Jornal A Comarca, maio de 2009.

Os Juros Simples e os Juros Compostos 43
Financeiro – A Revista do Crédito, março de 2009.

Os bancos e a responsabilidade solidária por danos ambientais 51
Jornal A Comarca, março de 2009.

O Bacenjud e o Renajud 55
Financeiro – A Revista do Crédito, outubro de 2008.

O advento de uma nova ordem para as Administradoras de
Consórcios..59
Gazeta Mercantil, 01 de julho de 2008.

A exigência de registro do contrato de alienação fiduciária de
veículos nos Cartórios de Títulos e Documentos...............................63
Financeiro – A Revista do Crédito, janeiro de 2009.

A legalidade da comissão de permanência..67
Valor Econômico, p. E2, 13 de junho de 2008.

Os correspondentes bancários 71
Valor Econômico, p. E2, 07 de março de 2008.

O negócio fiduciário e a recuperação judicial 75
Valor Econômico, p. E 02, 29 de janeiro de 2008.

A legalidade da TLA nos contratos de empréstimo 81
Valor Econômico, p. E2, 04 de dezembro de 2007.

O surgimento do consumidor profissional 85
Valor Econômico, p. E2, 06 de novembro de 2007.

Os três anos da cédula de crédito bancário..89
Valor Econômico, p. E2, 18 de setembro de 2007.

A Ciranda Editorial Alucinante das Medidas Provisórias 93
Valor Econômico, p. E2, 03 de fevereiro de 2006.

O leilão do BEC e as decisões do Supremo 97
Valor Econômico, p. E2, 04 de novembro de 2005.

Às Vésperas dos 15 Anos do Código de Defesa do Consumidor ... 101
Revista Instituto Municipal de Ensino Superior de São Caetano do Sul, ano IV, 2005.

Financiamento e danos ao meio ambiente 115
Valor Econômico p. E 02, 18 de agosto de 2005.

Descontos autorizados em folha de pagamento 119
Valor Econômico, p. E2, 02 de setembro de 2004.

O Art. 957 do novo Código Civil e os fundos de investimento:
Justiça retórica, responsabilidade forjada... 123
Revista Panorama da Justiça, v. VI, p. 46-47, 2003.

A Função Social do Contrato no Novo Código Civil....................... 131
Revista do Centro de Estudos Jurídicos do Conselho da Justiça Federal, dezembro de 2002.

A novela da variação cambial nos contratos de leasing – Últimos
capítulos.. 137
Revista de Jurisprudência ADCOAS, ano V, 2002.

A Resolução nº 2.878 do Banco Central do Brasil – Código do
Consumidor Bancário?!? 145
Gazeta Mercantil, 12 de dezembro de 2001.

A Banalização do Uso do Cheque Administrativo e os Problemas
Originários desta Prática... 149
Gazeta Mercantil, 17 de julho de 2001.

O Projeto do Novo Código Civil Brasileiro 153
Revista Panorama da Justiça, v. IV, 2001.

O Cadastro de Emitentes de Cheques sem Fundos e o
Constrangimento na Cobrança 159
Revista Panorama da Justiça, v. IV, 2001.

SUPLEMENTO

Occhi aperti! 165
Tribuna do Direito, novembro de 2008.

Apresentação 169
Setembro de 2001, in Adalberto Martins. *A Proteção Constitucional ao Trabalho de Crianças e Adolescentes*. LTR Editora: São Paulo, 2002.

Salve, Ivo! Salve a Advocacia deste País... 173
Gazeta Mercantil, 10 de agosto de 2001.

Crônica: O Rábula 179
10 de dezembro de 2000.

Apresentação

Para qualquer um que opera na área do Direito moderno, manter-se atualizado deixou de ser condição necessária e suficiente para o bom exercício da profissão. Não apenas a complexidade da realidade aumenta a cada dia, como também a multiplicidade de assuntos em uma dada especialidade. Além disso, a disciplina jurídica deixou de ser exclusiva e passou a ter influência de muitas outras áreas do conhecimento. Pois bem, a coletânea de artigos do jurista e professor Glauber Talavera, que o leitor tem às mãos, traz uma contribuição importante não só para atualizar e informar, mas também para mostrar uma retrospectiva desse emaranhado de assuntos diversos do Direito Bancário.

O livro cuida dos vários temas contemporâneos do Direito Bancário, sem desprezar o debate atual de cada um deles, e analisa a complexidade das relações sociais e humanas aliadas à complexidade do sistema financeiro, num mundo cada vez mais sofisticado, rápido e pleno de interconexões, onde cada vez mais é necessário compreender a natureza das transações de moeda e de suas atividades acessórias, como o crédito, o juro, o câmbio etc.

Como se afirmou, o Direito Bancário, como qualquer outro ramo do Direito, sofreu influências das mais diversas; por exemplo, as matérias de finanças, juros, comissão de permanência, entre outros temas, necessitam de uma leitura jurídica, mesmo sem ser institutos de Direito. Na área ambiental, regras de responsabilidade também precisam se afeiçoar ao ordenamento jurídico. Portanto, nada mais oportuno do que a revisão desses assuntos nesta obra, *Temas de Direito Bancário*, de Glauber Talavera.

A análise do debate atual dos temas de Direito Bancário é assunto dos mais árduos para o estudo e a prática, e não por outra razão tem sido relegado à hermeticidade de poucos. O mercado extremamente dinâmico, em função da grande mobilidade de capitais, precisa de regulação jurídica que seja simples o suficiente para que não represente custos de transação, e, ao mesmo tempo, não desestimule a fuga desses mesmos capitais para outras jurisdições. No entanto, os Estados, incapazes de simplificar o sistema, acabam sempre por torná-lo bastante mais complexo, formado por milhares de dispositivos dos mais diversos graus hierárquicos, numa disputa de poder político cada vez mais crescente.

Assim, ao escrever em linguagem fluente, didática e de fácil compreensão, Talavera lida com essa complexidade de modo único. Preenchendo uma lacuna no mercado editorial e educacional, já que, a despeito da sua complexidade e relevância, poucas são as obras de caráter geral ou específico que tenham tratado do tema com a profundidade que se espera de um livro atual e com tantos artigos de excelência. De fato, a obra pode ser considerada única no que diz respeito à sua abrangência, pois, ao tratar do amplo debate dos temas de Direito Bancário, o faz de maneira bastante ampla, tanto sob a perspectiva do banqueiro, quanto do consumidor e do mutuário.

Ressalte-se, ainda, que o conteúdo prático-teórico do trabalho o qualifica como o melhor existente até hoje. Por ser preparado por profissionais da área, advogados militantes que conhecem as necessidades do dia a dia, sem perder o necessário rigor jurídico de uma obra de qualidade, o que se oferece ao leitor é uma abordagem prático-teórica, que concilia a reconhecida experiência profissional do autor no tema com inegável consistência jurídica. Esse propósito é atingido por meio de um estilo leve e agradável, ágil sem ser superficial, atual, mas ao mesmo tempo histórico, e tudo sem perder a precisão, tão imprescindível a um trabalho acadêmico.

Por estas – entre tantas outras razões não citadas, esta coletânea de artigos *Temas de Direito Bancário*, de Glauber Talavera, já é obra indispensável a qualquer estudante, profissional ou mesmo para o leitor interessado no tema mercado financeiro. Estão autores, editor e advogados de parabéns por sua realização, fundamental na compreensão da matéria entre nós.

Jairo Saddi
Valinhos, Dezembro de 2010.

Prefácio

Glauber Moreno Talavera é dessas raras pessoas a quem o GRANDE ARQUITETO DO UNIVERSO contemplou com inteligência dinâmica incomparável, com humildade certamente estóica e com otimismo juvenil. Executivo que atualmente transcende as fileiras do fenômeno jurídico, ele é notadamente um exemplo de profissional que congrega facetas múltiplas a partir do mosaico de sua formação acadêmica irretocável e da variedade de segmentos de mercado em que desfilou sua sempre primorosa atuação.

Espécie de ícone do "bom mocismo" que tem em si os indeléveis valores Cristãos que são caros ao convívio humano, é notadamente um amigo "*ex cordium*" de todas as horas, meu querido ex-aluno que, embora tenha legitimamente alçado ao longo do tempo a condição de destacado Professor da PUC-SP, nunca nem jamais prescindiu da sua liturgia de reverenciar os que, como eu, contribuíram para sua robusta formação.

É bem verdade que atualmente o mundo acadêmico ressente-se de seu convívio mais próximo, mas a mim está bem sedimentada a imagem deste estudioso que, no mundo corporativo, certamente terá seu lugar como CEO de grandes conglomerados.

Os artigos que compõem esta breve coletânea de textos concebidos por este anci ão de poucas primaveras proporcionam ao leitor um pouco de sua lucidez, de sua perspectiva e de seu olhar, muitas vezes a partir de uma fresta no véu da verdade, uma licença do Ômega Teilhardiano aos que palmilham as suas veredas.

São Paulo, março de 2011.

José Maria Trepat Cases
Um velho Professor aposentado, um eterno aprendiz dos ensinamentos jurídicos e um advogado militante e apaixonado pela profissão. Doutor em Direito Civil pela Universidade de São Paulo.

A tarifa bancária para confecção de cadastro

Entre os embates que não raro acontecem entre o Ministério Público e as instituições financeiras, a cobrança de tarifas bancárias tem notadamente alcançado posição de relevância, seja pela intermitência dos debates, seja pela retórica que, sob o signo do discutível ativismo por uma justiça distributiva, distorce a interpretação do Código de Defesa do Consumidor.

No cenário atual, a cobrança de tarifa para confecção de cadastro prevista pelo Banco Central, conforme Resolução nº 3.518/07 e Circular nº 3.371/07 (art. 1º, I e tabelas I e II), ocupa posição de destaque entre as polêmicas.

A premissa singela de que o cadastro possui mera finalidade de extremar bons e maus pagadores e, dessa forma, que o cadastro visaria apenas contribuir para a higidez da carteira de empréstimos realizados pelas instituições financeiras caracteriza-se como rude paralogismo, uma vez que reduz significativamente o objetivo da confecção de cadastro e, mais que isso, induz à equivocada conclusão de que as instituições financeiras cobram dos tomadores de crédito a referida tarifa que, ao fim e ao cabo, somente beneficiam as próprias instituições.

É bem verdade que o cadastro possui, entre outros muitos, o propósito de distinguir os bons dos maus pagadores, evitando-se a socialização dos custos da inadimplência, a fim de que do bom pagador sejam cobradas taxas de juros mais comedidas, o que contribui correlatamente para evitar os riscos decorrentes do superendividamento, somente equacionado com as informações obtidas com a confecção de cadastro, que possibilita a adequação dos valores dos empréstimos à capacidade de pagamento dos tomadores.

No entanto, para bem entender a amplitude do lastro da cobrança da tarifa de confecção de cadastro, é importante compreender e saber aquilatar os mecanismos que integram o Sistema Financeiro Nacional.

Neste sentido, vale ressaltar preliminarmente que a tarifa citada dá sustentação à manutenção do Cadastro de Clientes do Sistema Financeiro Nacional, determinado pelo Conselho Monetário Nacional – CMN e pelo Banco Central do Brasil – BACEN, para potencializar o êxito das investigações sobre crimes financeiros mediante pleno e pontual atendimento às requisições de informações remetidas às instituições financeiras pelo Poder Judiciário, sobretudo nos casos de suspeição acerca de lavagem de dinheiro e ocultação de bens ou valores.

Afora isso, não existe nenhuma mistificação na peremptória afirmação de que a confecção do cadastro interessa ao mercado como um todo, uma vez que enaltece a segurança do sistema financeiro na exata medida em que abranda sobremaneira os riscos de crises de confiança em razão da desacertada concessão de empréstimos cuja liquidação seja assaz duvidosa, protegendo o sistema de viravoltas tal qual a recente crise do subprime norte-americano que repercutiu mundo afora e, consequentemente, deflagrou forte dose de ceticismo, do qual ainda ressentem-se as economias de muitos países.

Portanto, a confecção do cadastro não possui em sua essência o exclusivo interesse das instituições financeiras. Ao contrário, é relevante para toda coletividade macroeconômica e, exatamente sob este primado foi que o Banco Central regulamentou expressamente a cobrança da tarifa de confecção de cadastro.

É de concluir-se assim que, conquanto seja o Parquet tecnicamente legitimado para defesa dos interesses difusos e coletivos, não possui visão sistêmica sobre os múltiplos fatores endógenos e exógenos condicionantes do mercado, o que o impede de pretender se substituir ao órgão regulador (BACEN), regulamentando, ele Ministério Público, a atividade bancária do país. Como ensinam as Sagradas Escrituras, Mateus 22:21: "Dai, pois, a César o que é de César, e a Deus o que é de Deus".

As clássicas pirâmides financeiras e os atuais 'grupos de amigos'

Jornal Valor Econômico. in Legal & Jurisprudência, 22 de março de 2010.

Episódios tal qual o da fraude de US$ 50 bilhões levada a efeito por Bernard Madoff por meio de seu *Investment Advisory*, embora emblemáticos, nem sempre são suficientes para coibir outras tantas.

Perpetrado com maestria, mas sem originalidade, o esquema de Madoff constitui mera repetição do golpe arquitetado por Charles Ponzi, um italiano que imigrou aos EUA em 1903 e lançou em novembro de 1919 um esquema de venda de notas promissórias garantindo taxas de juros de 40% no prazo de 90 dias. Em vez de investir o dinheiro que recebia, o "signore Ponzi" usava parte do dinheiro de cada novo investidor para pagar os juros prometidos aos investidores mais antigos, ficando ele com o restante.

Tal qual ocorreu com Bernard Madoff, após o colapso do sistema Ponzi foi condenado à prisão, tendo sido condenado novamente, anos mais tarde, por ocasião de um novo esquema fraudulento no Estado da Flórida.

Concebido como uma pirâmide financeira, o esquema consiste numa "corrente" em que, para ingressar, o novo participante deve entregar certa quantia em dinheiro para os demais participantes do seu grupo e excluir o primeiro de sua lista, entrando na base da pirâmide. O raciocínio usado é simples: você dá X reais para cada um dos cinco participantes de seu grupo (para uma pirâmide de cinco níveis com um elemento em cada nível), elimina o participante do nível superior, eleva cada um dos demais níveis um nível acima e ingressa no nível inferior. A seguir você deve passar a pirâmide adiante para mais cinco pessoas. Cada uma delas dará X reais para você e para os demais da pirâmide, movendo você para um nível acima e ingressando no nível mais baixo.

Na próxima rodada cada uma dessas cinco pessoas passará a pirâmide para outras cinco, totalizando 25 novos ingressantes e, cada uma destas lhes dará X reais, movendo-os para o próximo nível (nível 2 de 5). Seguindo esse raciocínio, quando você sair do topo terá recebido 780 vezes mais do que empregou para entrar na pirâmide.

Por hipótese, admita então que todos que entrem para uma dessas pirâmides consigam outros cinco que também entrem. Quando você estiver saindo da pirâmide haverá 3.900 pessoas que entraram nela até então e cada uma, também, deverá receber 780 vezes o que gastou. Um sistema notadamente insustentável, ilegal e imoral.

Não sem perplexidade temos, na atualidade, identificado a reprodução de um sistema correlato às tais pirâmides no que se convencionou chamar "grupo de amigos", "morte súbita" ou "compra premiada". Nestes, uma empresa cujo funcionamento é assemelhado ao de uma administradora de consórcio, não obstante sem nenhuma autorização do Banco Central para funcionar, arregimenta grupos de pessoas que pagam mensalmente para aquisição de um bem e, a cada mês, promove um sorteio entre os membros do grupo, sendo que o sorteado recebe o bem e a ele é dada total quitação, ou seja, ao ser sorteada a pessoa recebe o bem e não tem que pagar absolutamente mais nada. O sistema, por óbvio, não pode prescindir da entrada frenética e contínua de mais e mais pessoas nas suas bases, pois, considerada a dinâmica do negócio, estes novos consumidores pagarão o bem daqueles que serão sorteados.

Afora atuarem como se administradoras de consórcio fossem – não obstante sem autorização do Bacen, prevista no artigo 6º, Lei nº 11.795, de 2008 – essas empresas não possuem autorização do Ministério da Fazenda para distribuição onerosa de prêmios, que é exigência expressamente prevista na Lei nº 5.768, de 1971, para todos os casos em que há captação de poupança para a realização e distribuição de bens.

Permeada por uma multiplicidade de ilicitudes, as sanções penais para a prática, para referir algumas poucas a que podem ser subsumidos os tipos lesivos, têm previsão no artigo 51 da Lei de Contravenções Penais, que proíbe a promoção ou extração de loteria sem autorização legal, bem como no inciso IX do artigo 2º da Lei de Crimes contra a Economia Popular – que trata dessas práticas como "bola de neve", "cadeia" ou "pichardismo" –, valendo ressaltar que de ambas previsões decorre pena de prisão de seis meses a dois anos.

Com repercussões nocivas várias em muitas localidades, mormente nas regiões Norte e Nordeste do Brasil, sobrelevando-se entre elas a lesão aos consumidores, o Poder Legislativo de alguns municípios, assim como os de Pedreiras e Coroatá, ambos no Maranhão, têm apresentado projetos de lei cujo objetivo é proibir definitivamente a instalação e funcionamento dessas empresas, augurando bani-las vez por todas.

A propósito dessas entabulações, iniciadas por algumas Câmaras Municipais, e considerando que ainda recente a promulgação da Lei nº 11.795, de 2008, que normatiza pormenorizadamente o sistema de consórcio no país, até então regulado pela Circular nº 2.766, de 1997 do Bacen, seria oportuna uma verdadeira cruzada das administradoras de consórcio contra estes que manipulam o imaginário popular, sobremais porque, para o consumidor menos atento à dialética do sistema, tanto um quanto outro são administradoras de consórcio.

A Lei do Sistema de Consórcio e os vetos presidenciais

Jornal Valor Econômico. in Legal & Jurisprudência, 22 de outubro de 2009.

Promulgada em 08 de outubro de 2008, o termo inicial de vigência da Lei 11.795/08, que dispõe sobre o Sistema de Consórcio, teve seu advento em 06 de fevereiro do ano corrente.

Neste contexto, o cabo-de-guerra havido durante a tramitação do processo legislativo culminou com alguns vetos presidenciais que, a propósito das ponderações realizadas pela Casa Civil totalmente a despeito do que fora tratado e explicado em todas as nuanças por especialistas, não aviltaram o cerne do novel diploma.

Na repercussão dos vetos presidenciais, ao difundir-se informações pretensamente revestidas do atributo de juridicidade, tem sido veiculada informação notadamente equivocada sobre a previsão de imediata devolução de valores aos consorciados desistentes, sendo que tal previsão, olvidando as lições do Professor Paulo Bonavides, decorre de quimérica interpretação extensiva dos vetos do Presidente da República, comunicados na Mensagem nº 762, de 08 de outubro de 2008, mantidas pelo Poder Legislativo.

Em conformidade com a redação originária do projeto, o desistente do consórcio teria restituídos os valores pagos quando contemplado em assembleia ou após o interregno de 60 dias contados a partir da data de realização da última assembleia do grupo. No que concerne à devolução de valores aos consorciados desistentes, vale ressaltar os comandos contidos nos parágrafos 1º, 2º e 3º do art. 30 e incisos II e III do art. 31 do projeto – todos eles objetos de veto presidencial.

Vislumbrando afronta à norma do art. 51, IV, parágrafo primeiro, III, do Código de Defesa do Consumidor, que coíbe as cláusulas abusivas nos contratos de consumo, nos vetos havidos está asseverado que "(...) embora o consumidor deva arcar com os prejuízos que trouxer ao grupo de consorciados, conforme parágrafo 2º do artigo 53 do Código de Defesa do Consumidor, mantê-lo privado de receber os valores vertidos até o final do grupo ou até sua contemplação é absolutamente antijurídico e ofende o princípio da boa-fé, que deve prevalecer em qualquer relação contratual".

Destarte, vale considerar que no art. 22 e também em outros, sob os quais não incidiu nenhum veto, há previsão expressa de que a contemplação é a atribuição ao consorciado do crédito para a aquisição de bem ou serviço, bem como para a restituição das parcelas pagas, no caso dos consorciados desistentes. Assim, não obstante não tenha sido vetado, estariam o referido art. 22 e outros, vetados por força da alquimia dos exegetas que parecem palmilhar as doutrinas erráticas renascentistas de Eberhard Baumgartner.

É certo que a língua é um fenômeno vivo e um projeto sempre inacabado, que na visão de Gilles Deleuze se engendra a si mesmo em sua relação dialógica e polifônica e que se atualiza a cada vez que um novo ator social entra em seu jogo, sendo que a parcialidade é característica inerente ao processo lingüístico. Não podem, porém, os exegetas, conceberem interpretações *prêt-à-porter* para alcançarem os objetivos de que estavam supostamente de há muito enamorados, rompendo todas as regras da hermenêutica jurídica, sustentando que os vetos havidos seriam aplicáveis não apenas aos dispositivos vetados, mas também a outros, tal o citado art. 22, que não recebeu nenhum veto. Neste mister, constata-se que, consoante encetado por Ortega Y Gasset: "A consciência formada pelo hábito é prisioneira de si mesma".

Não podemos deslembrar a natureza jurídica e o elastério do veto presidencial. O veto é instituto oriundo do Direito Romano, que conferia aos tribunos o poder de, unilateralmente, impedir que texto aprovado pelo Senado Romano viesse a converter-se em lei. Dentro da sistemática da tábua axiológica da Constituição Federal de 1988, o veto é o instrumento pelo qual, ao Poder Executivo, é franqueada a oportunidade de participar do processo legislativo ordinário, seja sancionando, seja vetando, parcial ou integralmente, projeto de lei aprovado pelo Legislativo.

O veto em si, que como medida excepcional somente reitera a regra geral, se não derrubado pelo Congresso tem um único efeito: impedir que o dispositivo vetado converta-se em lei. Nada além disso.

Concluir que, por intermédio do veto ou das razões que o ensejaram, poderia o Chefe do Executivo inovar na ordem jurídica equivale a proclamar que as razões do veto presidencial têm força de lei e, neste sentido, que podem ser interpretadas extensivamente, de forma teleológica, tendo o condão de contemplar situações e impor obrigações que sequer foram objeto de tratamento efetivo no diploma legislativo.

Assim, já identificada a reiteração desmesurada de ações com essa causa de pedir, cujo entendimento está pacificado na Segunda Seção do Superior Tribunal de Justiça, que recentemente veiculou informação evidenciando incremento de 380% no número dessas ações naquela Corte, é sobremaneira importante a afetação de algum dos recursos relacionados à restituição de parcelas ao rito dos recursos repetitivos (Lei 11.672/08), a fim de que reste suspensa a tramitação das demais ações até decisão definitiva, para que seu veredito reluza a todas – *ut luceat omnibus*, robustecendo a melhor interpretação que enaltece a possibilidade de o desistente receber seus valores antes do final do grupo se regularmente contemplado mediante sorteio realizado em assembleia.

O rito dos recursos repetitivos, vale ressaltar, tem sido utilizado com muita propriedade, haja vista, para referir apenas alguns, o Resp 1108013, no qual o colegiado definiu que os defensores públicos estaduais têm direito de receber honorários advocatícios sucumbenciais quando atuam em causas contra municípios; o Resp 1074799, no qual os Ministros firmaram o entendimento de que é obrigatório o fornecimento de fatura detalhada de todas as ligações na modalidade local, independentemente de ser dentro ou fora da franquia contratada; o Resp 1104775, no qual os ministros da Primeira Seção decidiram que as autoridades de trânsito só podem exigir o pagamento das multas já vencidas e regularmente notificadas aos eventuais infratores.

O exsurgir da Lei 11.795/08 fora um marco muito importante para o sistema de consórcio, que haverá de paulatinamente delinear suas conformações operacionais, sedimentar suas características e disseminar as singularidades do negócio, pois parafraseando Franz Kafka: "Todos os erros humanos são impaciência, uma interrupção prematura de um trabalho metódico".

Associações ou escritórios de advocacia? Eis a questão.

Jornal Eletrônico A Comarca. in www.comarcanet.com.br. 21 de setembro de 2009.

O pensador peruano Sofocleto, no seu clássico *Sinlogismos*, ao asseverar o quanto o gênero humano é propenso ao ardil, já nos idos de 1926 enfatizou: "*Crianças e loucos dizem a verdade. Por isso educam as primeiras e encarceram os segundos*".

Como enaltece na atualidade o Professor Robert W. Gordon, da Yale Law School, esta temerária assertiva de que a ausência de verdade deve ser institucionalizada para todos cujo discernimento não padeça de alguma disforia, seja ela temporária ou perpétua, é o que nos parece animar alguns escritórios de advocacia que, embora sejam e atuem tal bancas de advogados, por vezes constituem associações das mais variadas para legitimar a captação ostensiva de clientes e, no mais das vezes, para incitar a massa à litigiosidade, atendendo muito mais aos seus próprios interesses do que propriamente aos direitos dos que são levados a essas pseudo-associações pela publicidade imoderada que lhes infere artificialmente o sentimento de que estão sendo espoliados por tudo e por todos, sobretudo em razão da descompostura desses fígaros jurídicos que assim promovem a inculcação de toda a gente, esgueirando-se das reprimendas previstas no Código de Ética do Advogado.

Rememorando episódio burlesco, dia desses no centro da Cidade de Salvador, um meu compadre daquelas terras do já saudoso Professor Calmon de Passos relatava que após lhe ter sido entregue panfleto por um desses muitos paqueiros que pipocam por todo canto das grandes metrópoles dando publicidade a vendas de facilidades, teve ciência da existência de uma associação de defesa de consumidores que, entre outras instigações, sugestionava: "*Juros altos. Não pague. Entre com uma ação e receba indenização*". Indignado com a desmesura dos prometimentos, o notável causídico baiano – meu compadre, fora até o endereço da referida entidade e, querendo atribuir o que lia à sua inclemente miopia, pediu a uma primaveril adolescente que lhe repetisse o que constava na porta de entrada da associação, tendo ouvido: "Advocacia Fulano de Tal e Associados".

Lastimosamente, estas altercações estão disseminadas em todo o nosso contexto social, manifestando-se na carne de origem indefinida comprada no fim da feira, no CD pirata que toca no aparelho contrabandeado, nas torcidas de futebol que ignoram proibições judiciais, nas empresas que não pagam impostos, na energia elétrica e na água surrupiadas do mundo legalizado, ou seja, as clandestinidades que vivem das brechas do poder público sobem cada vez mais ao convés, mantendo-se cada vez menos nos porões das urbes e, consequentemente, cada vez mais nas barbas do capitão, nos trazendo à lembrança o saudoso comediante mexicano Cantinflas, quando dizia: "*Yo lo estoy viendo, pero no diré su nombre*".

Os Tribunais de Ética e Disciplina da OAB, no entanto, atentos a estas infaustas peripécias de alguns mascates, não têm feito coro ao refrão do humorista, sendo austeros ao posicionar o timão do navio e de toda a esquadra ao aplicar as sanções disciplinares previstas no art. 34 da Lei 8.906/94 para que a advocacia pátria possa navegar na rota de um porto seguro, pois, palmilhando as lições de Ortega Y Gasset, é de concluir-se que, dialético por excelência, o processo histórico somente proporá novos desafios aos que forem capazes de transpor os presentes.

Associações ou escritórios de advocacia? Escritórios de advocacia ou associações? *Venturis ventis*, ou seja, para os ventos vindouros eis a questão de relevância capital para que o caminho da cruz seja também o caminho da luz (*via crucis, via lucis*) para a racionalização desta e de outras polêmicas relacionadas às ações revisionais.

As ações revisionais e as novas Súmulas do STJ

Revista Eletrônica Migalhas. in www.migalhas.com.br. 16 junho de 2009.

Reproduzindo as perfídias e ludíbrios da cortina lírica da ópera de Pietro Mascagni – *Cavalleria Rusticana*, surpreendentemente perseveram entre nós as altercações acerca das taxas de mútuo bancário e, como corolário desta babel, a profusão de ações revisionais.

A taxa praticada na contratação de mútuo bancário é, com efeito, resultado de uma conjunção complexa de fatores sistêmicos diversos, alguns de cunho econômico, outros de caráter jurídico, outros ainda de natureza estrutural, que atuam como elementos componentes da margem de spread que as instituições integrantes do sistema financeiro nacional, para sua intermediação, inserem nas operações de concessão de crédito que realizam.

Sobre a desarrazoada pretensão de tabelamento dos juros bancários, a promulgação da Carta Magna, em 5 de outubro de 1988, teve repercussão assaz importante nos contratos de mútuo bancário. Com efeito, a redação do art. 192, § 3º da Norma Fundamental prescrevia limitação aos juros reais praticados no país. A partir de então, debates contundentes acerca da auto-aplicabilidade ou não da norma insculpida no texto constitucional passaram a ser travados.

Após a elaboração do Parecer SR-70 do então Consultor Geral da República, Saulo Ramos, asseverando a imprescindibilidade da promulgação de lei complementar regulamentadora do sistema financeiro nacional para conferir eficácia plena ao dispositivo limitador dos juros reais cobrados na dinâmica do mercado financeiro, o Partido Democrático Trabalhista propôs ação direta de inconstitucionalidade distribuída sob o nº 4-7, pugnando pela auto-aplicabilidade da norma fixadora do teto dos juros reais. O STF, por seis votos a quatro, julgou a ação improcedente, entendendo que, efetivamente, a aplicabilidade da limitação estipulada pelo constituinte estava, por vontade do próprio poder constituinte originário, sujeita à promulgação de lei complementar regulamentadora do sistema financeiro nacional.

O julgamento da ADin nº 4-7 foi a senha para que fosse apresentado um sem-número de projetos de lei que dispunham acerca da regulamentação do sistema financeiro nacional, reproduzindo, com algumas variações, a limitação à cobrança de juros reais a 12% ao ano estampada no art. 192, § 3º da CF/88.

Entre tantos projetos, a maioria de qualidade duvidosa, cabe menção, a título ilustrativo para meramente melhor referenciar a questão objeto de exame, ao PL nº 36/00, de autoria do ex-Senador Carlos Bezerra (PMDB/MT). O projeto regulamentava o § 3º do art. 192 da CF/88 e dispunha sobre a cobrança de juros reais máximos de 12% ao ano, praticados em todas as operações de concessões de crédito realizadas, quer por integrantes quer por não integrantes do sistema financeiro nacional. Pela conceituação adotada, de tecnicidade questionável, considerou-se juros reais "o excedente da taxa nominal de juros, nela incluídas comissões e quaisquer outras remunerações direta ou indiretamente vinculadas à concessão do crédito, sobre a variação do Índice de Preços ao Consumidor – IPC no período de tempo a que se referir a taxa nominal". A cobrança de juros em patamares superiores ao limite imposto foi descrita como crime – fato típico e antijurídico – cuja prática por instituição integrante do sistema financeiro nacional teria como consequência a punição de seus diretores com pena de reclusão de um a dois anos, sem prejuízo de multa correspondente ao dobro do valor do crédito concedido sobre o qual incidiria taxa de juros real superior ao limite estabelecido na lei. Por fim, fulminava com nulidade de pleno direito as garantias contratualmente constituídas com objetivo de assegurar o cumprimento de obrigações assumidas em avenças contendo estipulações vedadas pela lei impositiva de limitações à contratação de juros acima do patamar estabelecido.

O projeto de lei referenciado é emblemático, pois a pregação pelo tabelamento dos juros praticados no mercado financeiro foi progressivamente angariando novos adeptos e estabelecendo uma caixa de ressonância, tanto na doutrina como na jurisprudência, embora notadamente adstrita aos que desconheciam a matéria.

Todavia, em boa hora, a tese defendida por aqueles que tencionavam submeter a contratação de mútuo bancário a uma espécie de tabelamento sucumbiu, perdendo seu principal ponto de apoio por força do termo inicial de vigência da EC nº 40, que em 29/5/03 revogou os incisos e parágrafos do art. 192 da Carta Magna, suprimindo do texto constitucional, consequentemente, a estipulação restritiva acerca da cobrança de juros. Em boa hora porque o tabelamento puro e simples, aprioristico e em termos absolutos, dos juros praticados no mercado financeiro parece-nos medida desarrazoada, defendida por aqueles que, no afã de dar vazão a seu inconformismo por supostos abusos praticados pelas instituições integrantes do sistema financeiro nacional, desconhecem as especificidades do objeto – os juros, frutos do capital, contrapartida pela disponibilidade do dinheiro, um dos preços essenciais da economia.

Tantas e tão diversas entre si são as variáveis que atuam na determinação da taxa de juros praticada pelos agentes do mercado financeiro, que não se concebe submetê-las a um mecanismo imobilizador de suas flutuações provocadas ora por influxos endógenos ora por influências exógenas (neste sentido, Frederick Schauer. *Las reglas en juego: Un examen filosófico de la tomada de decisiones baseada en reglas en el derecho y en la vida cotidiana*).

Em suma, o descabimento da medida que impõe o tabelamento da taxa de juros praticada no mercado financeiro decorre da inconveniência prática representada pela sujeição de um preço da economia que é, em última análise, produto de uma conjugação complexa de fatores sistêmicos a um limite pré-estabelecido, estático, que, absolutamente, não reflete a dinâmica do contexto em que estão inseridos os agentes que atuam no mercado financeiro.

Num cenário que tem a volatilidade como marca registrada é inoportuno e inconveniente privar a autoridade monetária nacional da possibilidade de manejo do arsenal instrumental de que dispõe para defender a moeda nacional de ataques especulativos e, desta forma, adequar o nível de liquidez e o volume de crédito da economia aos padrões exigidos em face dos macro objetivos perseguidos. A pré-fixação dos juros, à revelia das forças de mercado é, por este motivo, um despropósito.

Conquanto a EC nº 40 tenha sido concebida com o evidente propósito de extinguir a controvérsia sobre o tabelamento dos juros e, neste mesmo sentido, tentando reproduzir a melodia da sonora flauta mágica de Mozart, tenha sido arquitetada para por termo à banalização da propositura de ações revisionais, cuja multiplicidade está relacionada menos ao suposto inconformismo dos autores e mais ao ingente trabalho de inculcação por meio da publicidade imoderada veiculada por alguns advogados, o problema ainda persiste em face de ideologia que, ao que parece, fez morada em alguns setores do Judiciário cujas decisões nos trazem à lembrança o surrealismo do pintor catalão Joan Ponç e do romeno Victor Brauner.

Olvidando, entre outros muitos, o voto antológico do Ministro Ari Pargendler no julgamento do REsp nº 407.097–RS e o voto lapidar do Ministro Carlos Alberto Menezes Direito proferido no julgamento do REsp nº 271.214-RS, os setores insurgentes do Judiciário levaram o STF a editar em 20/6/08 a Súmula Vinculante nº 7 (com redação idêntica à da Súmula nº 648 do STF), na qual vociferou uma vez mais contra os que desconhecem a matéria e insistem em enfunar o peito contra os Tribunais Superiores e fomentar o tabelamento dos juros por meio de decisões que, não bastassem primar pela atecnia, têm o condão, cada qual, de arregimentar nova brigada de inadimplentes que ensejam salvo-conduto para livrar-se das peias de suas obrigações (vide Noam Chomsky, *The architecture of language*).

Neste mesmo sentido, a Segunda Seção do STJ, como descritor normativo que refere-se a fatos passados e prescritor de condutas futuras, também padecendo dos efeitos colaterais de tais decisões de bruscos diapasões, recentemente editou a Súmula nº 380, na qual assevera que a simples propositura da ação de revisão de contrato não inibe a caracterização da mora do autor. Mais que isso, o STJ editou a Súmula nº 381 que preceitua que nos contratos bancários é vedado ao julgador conhecer de ofício a abusividade das cláusulas e, ainda, editou a Súmula nº 382, na qual estabelece que a estipulação de juros remuneratórios superiores a 12% ao ano, por si só, não indica abusividade.

Desta forma, ressalvados os exageros que devem ser coibidos em qualquer seara, com a edição destas Súmulas que definitivamente juridicizam estes fatos e os subsumem às normas, resta totalmente exaurida sua análise sob as perspectivas da sintática, da semântica e da pragmática. Assim, com apelo meramente teórico, o discurso sobre as limitações de juros e as ações revisionais doravante ganha exclusivamente os campos etéreos da metafísica, sendo página virada na experiência concreta do mundo da vida.

Em outras palavras, parafraseando a esperança de Maquiavel em suas Histórias Florentinas: "*Cosa fatta, capo ha*", ou seja, "O que tem começo, tem fim".

Os limites da cumulação de outros encargos com a comissão de permanência

Jornal A Comarca, maio de 2009.

Entre as várias teorias que perscrutam o surgimento do mútuo a juros e da usura a partir de uma análise comportamental das pessoas, posição de proeminência é reservada à teoria da Escola Austríaca, cujas bases teóricas fundamentais do seu individualismo metodológico foram perpetuadas pelo economista e Professor da Universidade de Innsbruck, Eugen von Böhm-Bawerk, a partir do seu livro "*A Teoria Positiva do Capital*". Essa teoria, que desde o seu nascedouro, em 1870, sustenta a ideia de livre mercado como a forma mais eficiente de alocação dos fatores de produção, apregoa que a existência dos juros está indissociavelmente vinculada à manifestação das preferências temporais das pessoas, uma vez que a grande maioria tem predileção por consumir no presente, relegando o futuro para quando este se tornar presente.

A singularidade da origem e da essência dos juros monetários, portanto, como preconiza Eduardo Giannetti, está indissociavelmente relacionada às trocas e inversões intertemporais, nas quais notadamente há uma queda de braço entre valores presentes e futuros que competem entre si, estabelecendo franca disputa entre a aptidão para arquitetar planos e o dom de refrear impulsos.

A questão está, portanto, indissociavelmente relacionada à percepção do tempo e à compreensão de que se está diuturnamente diante do dilema do hiato de tempo existente entre presente e futuro, entre o instantâneo e o diferido, incita altercação entre anseios, aspirações, desígnios e satisfações.

Portanto, entremeando a ansiedade dos credores e a aflição dos devedores estão os juros que, ainda, apresentam pontos de controvérsia, sendo o mais obtuso o relativo aos delineamentos da comissão de permanência, espécie compensatória sobre a qual valem alguns traços no que concerne a possibilidade de sua cumulação com outros encargos a partir da identificação de diferenças e similaridades, mormente considerando que a questão está sob análise da Segunda Seção do Superior Tribunal de Justiça.

A comissão de permanência não se confunde com os juros moratórios, motivo pelo qual os encargos são cumuláveis. Os juros moratórios incidentes na hipótese de mora do mutuário têm função dúplice: punem o devedor impontual e indenizam o mutuante pela frustração da pretensão nutrida, de receber, no tempo avençado, o principal emprestado acrescido dos juros produzidos no prazo de vigência da avença. A comissão de permanência é que, efetivamente, compensa o credor pela integralidade das perdas e danos, acarretadas pela impontualidade do devedor, ou seja, pelos lucros cessantes e pelos danos emergentes suportados.

A comissão de permanência não se cumula com os juros remuneratórios. Por uma razão simples: o momento de incidência necessariamente diverso de cada um dos encargos impede que ambos fluam conjuntamente. Os juros remuneratórios fluem durante o prazo ordinário de vigência da avença, tendo como pressuposto, pois, uma situação de desenvolvimento normal do contrato firmado. Representam a contrapartida pela disponibilidade temporária do capital voluntariamente cedido pelo mutuante. A comissão de permanência, a seu turno, incide a partir do vencimento do contrato firmado, inadimplido pelo devedor mutuário, inserindo-se, portanto, num contexto anômalo, de inexecução contratual. Consiste na compensação a que o credor mutuante faz jus pela prorrogação unilateral e não consentida do prazo consensualmente estipulado para a extinção do vínculo obrigacional estabelecido entre as partes do contrato de mútuo bancário.

A cláusula penal inserida nos contratos de mútuo bancário é sempre moratória, jamais compensatória, motivo pelo qual trata-se de instituto diverso da comissão de permanência. Tal inferência deflui da constatação de que a disposição contratual relativa à multa aplica-se diante da simples mora do devedor. A cláusula penal compensatória, diferentemente, tem como requisito inafastável o inadimplemento absoluto do devedor. À evidência, em se tratando de contrato de mútuo bancário, a impontualidade do devedor não torna a execução da prestação principal pelo devedor inútil ao credor. Muito pelo contrário. Razão pela qual a mera constituição em mora do devedor – e não a situação extrema de inadimplemento absoluto – enseja a incidência da multa pré-fixada. Ademais, o caráter eminentemente estático da cláusula penal contemplada nas avenças de mútuo bancário (o valor devido a título de multa não guarda relação de proporcionalidade com o lapso de tempo pelo qual perdura a situação de inadimplemento) deixa patente tratar-se de instituto de natureza moratória

– e não compensatória. Por esse mesmo motivo, parece-nos evidente que a cláusula penal inserta nos contratos de mútuo bancário não tem o condão – como teria caso fosse compensatória – de pré-fixar as perdas e danos experimentados pelo credor mutuante. Dessas premissas dessume-se que a cláusula penal dos contratos de mútuo bancário, moratória, vale frisar, não se confunde com a comissão de permanência, motivo pelo qual são cumuláveis.

A comissão de permanência e a correção monetária não são passíveis de cumulação. Malgrado existam diferenças flagrantes no elastério de cada um dos institutos – a correção monetária relaciona-se a efeitos inflacionários dos preços em geral, enquanto a comissão de permanência, mais específica, reflete o cenário mais complexo, sui generis, sujeito a influxos diversos, das operações realizadas no mercado financeiro – parece-nos indubitável que os índices inflacionários registrados e as expectativas inflacionárias projetadas para o futuro são fatores que atuam na fixação da taxa de juros praticada pelo mercado num certo patamar. De modo que, em certa medida, a correção monetária já está embutida na comissão de permanência, razão pela qual a incidência da comissão de permanência, por si só, já neutraliza os efeitos corrosivos do poder aquisitivo da moeda causados pela inflação.

Os Juros Simples e os Juros Compostos

Financeiro – A Revista do Crédito, março de 2009.

O poeta romano Pietro Metastasio, atento aos ciclos temporais e prazos que subordinam a condição humana, no Ato II da ópera Demofontes proclamou que "il tempo è infedele a chi ne abusa". Todo contrato, o de mútuo bancário incluído, tem um prazo de vigência, seja ele determinado ou não. Trata-se do interregno em que a avença irradia efeitos entre as partes que, pela pactuação, assumiram obrigações e adquiriram direitos recíprocos. Em outras palavras, trata-se do tempo que medeia entre a contratação e a regular extinção do liame obrigacional estabelecido.

Palmilhando as lições de Wilson Cançado e Orlei Claro, o conceito de período não se confunde com o de período de vigência. Aliás, a rigor, o período decorre da fragmentação do prazo de vigência em compartimentos idênticos, ou seja, da periodicização do prazo de vigência.

A distinção entre os conceitos de 'prazo' e de 'período' é indispensável nos mútuos financeiros, porque usualmente estes são celebrados por prazo determinado, sendo que o 'decurso do período' é o que gera o direito a juros em favor do mutuante, na proporção especificada pela taxa de juros. Assim, o conceito de juros também se associa ao de período, permitindo-nos agregar a ele o da periodicidade de sua incidência.

Nos contratos de mútuo bancário, os juros, tomados na sua acepção de frutos do dinheiro emprestado, podem ser colhidos periodicamente, em frações de tempo iguais que compõem o prazo de vigência integral da avença.

Neste sentido, vale ressaltar que a diferenciação que se estabelece entre juros simples e juros compostos refere-se à forma de sua contabilização. Nas avenças em que os juros fluem periodicamente, finda cada fase de frutificação tem-se juros remuneratórios. Encerrado cada ciclo, abrem-se duas possibilidades: ou o mutuário paga os juros vencidos, ou o valor relativo aos juros vencidos que se referem ao período de frutificação encerrado é capitalizado, ou seja, incorporado no principal – quantia tomada originalmente – surgindo daí o conceito de montante, resultado da soma do principal aos juros vencidos. São dessas duas possibilidades que se extraem os conceitos de juros simples e juros compostos (vide NEWNAN, Donald. Compound Interest Tables. Oxford University Press, 1997).

No primeiro caso, como a cada período de frutificação o mutuante percebe os frutos colhidos, temos que a contabilização dos juros relativa ao período subsequente há de se dar mediante utilização da forma denominada "juros simples" ou "lineares". Imaginemos, v.g., o caso do mutuário que tomou R$ 100 com a promessa de restituir o valor um ano após a contratação, tendo ficado acordado que fluirão juros contabilizados periodicamente, a cada mês, a uma taxa de 10%. Passado um mês da contratação, o mutuário entrega ao mutuante os R$ 10 relativos aos juros vencidos. Obviamente, no segundo mês da celebração da avença, e assim sucessivamente, a taxa de 10% incidirá novamente, e tão somente, sobre o principal, ou seja, sobre os R$ 100 tomados.

Na segunda hipótese aventada, como a cada ciclo de frutificação, embora, do ponto de vista jurídico, o mutuante seja credor dos juros periódicos vencidos, ele não adquire, em termos práticos, a disponibilidade do fruto colhido, que remanesce em mãos do mutuário, a forma de contabilização a ser adotada é a dos "juros compostos", também chamada de "juros sobre juros" ou de "juros exponenciais", cuja prática foi denominada "anatocismo", expressão sinonímia de cobrança de juros produzidos pelos próprios juros. Lançando mão de exemplo similar ao elucidado para a outra hipótese, suponhamos que o mutuário que tomou R$ 100, dos quais fluem juros contabilizados periodicamente a uma taxa de 10% ao mês, não entregou ao mutuário, findo o primeiro mês de vigência da avença – ou seja, terminado o primeiro ciclo de frutificação – o numerário (R$ 10) equivalente aos juros vencidos, pois assim ficara avençado entre as partes quando da celebração do contrato.

Ora, à evidência, os juros vencidos deverão ser incorporados ao principal emprestado – capitalizados – e, após o término do segundo mês de vigência da avença, os juros contratados incidirão sobre o montante apurado, consubstanciado no principal acrescido dos juros vencidos. Em verdade, nada mais lógico, afinal, a cada ciclo de frutificação que termina, o mutuante deve ser remunerado pela disponibilidade da totalidade do capital próprio que se encontra, por força de contrato, em mãos do mutuário. Assim sendo, findo o segundo período de frutificação, após o decurso do segundo mês da contratação, a taxa pactuada (10%) deverá incidir sobre o montante (R$ 110) que, embora seja de propriedade do mutuante, permanece à disposição do mutuário.

A rigor, todavia, vale ressaltar que, muito embora a cobrança de juros compostos seja, amiúde, tratada como sinonímia da cobrança de juros sobre juros e da prática de anatocismo, essa equiparação vocabular constitui impropriedade terminológica. A capitalização de juros verificada na aplicação do conceito de juros compostos pressupõe a existência de juros vencidos, ou seja, no marco final do período de geração dos juros periódicos convencionados, quando os juros pactuados efetivamente converteram-se em capital. A cobrança de juros sobre juros, prática conhecida como anatocismo (double interest), tem pressuposto e substrato fático distintos, tendo-se em vista que permite a incidência da taxa contratada sobre juros ainda não vencidos.

Não olvidemos que, quer do ponto de vista tributário, quer sob o prisma contábil, a capitalização dos juros é medida absolutamente legítima e justificável. Afinal, o Regulamento do Imposto de Renda estabelece, de forma inequívoca, que juros ganhos ou incorridos pelo contribuinte da exação são apropriáveis como receita ou dedutíveis como receita operacional, dependendo tratar-se do ponto de contribuinte mutuante ou de contribuinte mutuário. Ademais, do regime da competência, que rege as demonstrações contábeis das instituições financeiras, decorre o imperativo de contar-se os juros como percebidos antes mesmo do efetivo pagamento pelo mutuário.

Superada a imagem deturpada que se criou da capitalização dos juros em si, questão de monta que envolve a prática de juros compostos é a da periodicidade da sua capitalização, ou, noutras palavras, do prazo de gestação dos frutos do capital, cujo decurso importa na transmutação dos juros vincendos em juros vencidos, acarretando a incorporação do valor colhido ao valor emprestado.

A gênese da polêmica remonta aos idos da Era Vargas, quando entrou em vigor o Decreto nº 22.626, de 07 de abril de 1933, conhecido como "Lei de Usura", que na norma do seu artigo 4º desautorizou a capitalização dos juros vencidos com periodicidade inferior à anual.

Antes da promulgação da Lei nº 4.595, de 31 de dezembro de 1964, que recebeu a alcunha de "Lei de Reforma Bancária", o Supremo Tribunal Federal editou a Súmula nº 121, de 13 de dezembro de 1963, por meio da qual, numa subversão ao princípio da liberdade de contratar que sempre regeu nossa sistemática, explicitou entendimento de que a capitalização de juros, ainda que estipulada de comum acordo pelas partes, estava proibida.

A instituição e ordenação do Sistema Financeiro Nacional pela "Lei de Reforma Bancária", que, como o próprio designativo prenuncia, importou na introdução na ordem jurídica pátria de um novo regramento incidente sobre as instituições integrantes da seara objeto de regulação, deu ensejo a uma revisão dos pontos de vista firmados acerca da questão atinente à legislação aplicável nas contratações de mútuo sobre as quais incidem juros compostos. Com efeito, tendo-se em vista a especificidade da matéria sobre a qual versa a Lei no 4.595, não resta dúvida de que as instituições financeiras foram alijadas da submissão à disciplina da "Lei de Usura", de tal sorte que os contratos de mútuo feneratício que tinham como parte instituição integrante do Sistema Financeiro Nacional ficaram, em verdade, sob a égide da "Lei de Reforma Bancária" e, por via reflexa, das normas editadas pelo Conselho Monetário Nacional, autoridade maior do sistema criado pelo diploma legislativo em questão que, ademais, outorgou-lhe poderes normativos para proceder à regulação do sistema (vide CANARIS, Claus-Wilhelm. Pensamento sistemático e conceito de sistema na ciência do direito. 2ª ed. Lisboa: Calouste Gulbenkian, 1996).

Com o passar dos anos, a exegese acerca da órbita de irradiação de efeitos absolutamente diversa da "Lei de Usura" e da "Lei de Reforma Bancária" foi sedimentando-se, tanto em sede doutrinária como jurisprudencial, tendo como corolário a edição da Súmula nº 596 do STF, segundo a qual: "(...) As disposições do Decreto nº 22.626 de 1933 não se aplicam às taxas de juros e aos outros encargos cobrados nas operações realizadas por instituições públicas ou privadas que integram o sistema financeiro nacional".

Após o advento da "Lei de Reforma Bancária" e, ainda, mais recentemente, à luz do entendimento consignado na Súmula nº 596, valendo-nos do método dialógico do filósofo russo Mikhail Bakhtin parece inequívoco que a vedação à capitalização de juros estampada na Súmula nº 121, editada sob a égide de uma legislação muito mais restritiva – a "Lei de Usura" – aplica-se estritamente às contratações havidas entre partes não integrantes do Sistema Financeiro Nacional.

Os contratos de mútuo feneratício que tenham como parte instituição financeira, a seu turno, estão sujeitos aos ditames da Lei nº 4.595, e não ao regime do Decreto nº 22.626, razão pela qual está autorizada a estipulação contratual acerca da capitalização periódica de juros.

A dúvida que remanesceu por algum tempo foi, não mais a da possibilidade da capitalização dos juros incidentes sobre os contratos de mútuo firmados por instituição financeira, mas, antes, a da periodicidade mínima passível de adoção para fins de capitalização dos frutos do capital. A lacuna foi suprida pela Medida Provisória nº 1.963, objeto de inúmeras reedições, hoje em vigor sob o nº 2.170-36, de 23 de agosto de 2001, que assim dispõe sobre a matéria em seu artigo 5º: "Nas operações realizadas pelas instituições integrantes do Sistema Financeiro Nacional é admissível a capitalização de juros com periodicidade inferior a um ano".

A Medida Provisória nº 2.170-36, não tendo sido objeto de revogação por Medida Provisória posterior ou objeto de apreciação para fins de rejeitá-la ou convertê-la em lei, segue produzindo efeitos, por força da regra do art. 2º da Emenda Constitucional nº 32, de 12 de setembro de 2001.

O ex-presidente do Banco Central do Brasil, Gustavo Loyola (A pior maneira de reduzir os juros. Revista de Direito Bancário e do Mercado de Capitais, SP: RT, v. 3, nº 8, p. 243-244, p. 243), ao tratar da controvérsia sobre a capitalização dos juros em artigo referente à Medida Provisória 1.963, sustentou a razoabilidade dos juros exponenciais, afirmando que há "(...) uma boa dose de cinismo nas teses anti-anatocismo. Num país em que os ativos financeiros, como regra geral, têm prazos inferiores a um ano, todos aceitam ser remunerados pelos bancos, com períodos de juros inferiores a 12 meses. Ninguém reclama porque os bancos creditam mensalmente juros nas cadernetas de poupança. Mas a história é bem diferente quando se trata das operações de crédito" (neste sentido, vide RAZ, Joseph. Practical Reason and Norms. New York: Oxford, 2002).

A jurisprudência do STJ, que não cogita pronunciar-se *incidenter tantum* acerca do tema (controle difuso de constitucionalidade), está consolidada favoravelmente à possibilidade de capitalização mensal dos juros, considerando hígida a Medida Provisória nº 2.170 enquanto não declarada inconstitucional pelo STF, uma vez que sua competência está adstrita às normas infra-constitucionais (AgRg Resp 88.787-6).

No entanto, pela profusão do verso e reverso de ideias e pelo mosaico de teses levadas ao STF, a despeito de tudo e de todos a questão ainda permanece controversa, trazendo-nos à lembrança as ordens desconexas que, na obra narrativa "O Processo" do romancista austro-húngaro Franz Kafka, enredam o intérprete numa situação ilógica que o expõe a toda espécie de confusão. *Quid Iuris* – Juros simples ou compostos?

Os bancos e a responsabilidade solidária por danos ambientais
Jornal A Comarca, março de 2009.

Com redação semelhante à do art. 45 da Constituição da Espanha de 1978, a norma contida no art. 225 da Constituição do Brasil de 1988 evidenciou o manifesto propósito do constituinte nacional em conferir efetividade concreta ao imperativo da integral proteção ao meio ambiente, sedimentando um mecanismo de distensão do espectro de responsabilização dos agentes por toda e qualquer espécie de degradação ambiental.

Recepcionada por nossa nova ordem constitucional, a Lei nº 6.938/81, que versa sobre a Política Nacional do Meio Ambiente, fixou o conceito de poluidor indireto e, neste mister, atribuiu ao agente financiador de empreendimento com algum impacto potencial sobre o meio-ambiente, o dever de fiscalizar a implementação do projeto financiado e sua responsabilidade objetiva e solidária na hipótese de consumação de degeneração do meio ambiente, assim compreendida eventual alteração na fauna ou flora natural, com perda de biodiversidade em determinado ecossistema.

A extensão do campo de incidência da responsabilidade por danos ao meio ambiente – de modo a abarcar os poluidores indiretos e, entre estes, as instituições financeiras – foi, e ainda é, objeto de acendrada polêmica, mais ainda porque decorre de uma perspectiva utilitarista ultrapassada e antagônica às modernas teorias do direito e da justiça de John Rawls e Ronald Dworkin.

O dever impingido às instituições financeiras parte de uma premissa equivocada que, seguindo a espiral de enganos na qual inserida, também leva a uma conclusão desacertada, sobretudo porque a instituição concedente do crédito, afora as aferições formais de licenças e permissões, não possui nenhuma espécie de poder de monitoramento sobre o tomador nas eventuais repercussões de caráter ambiental do projeto, cuja implementação é objeto de financiamento.

Portanto, é nesse discutível e frágil dever de ingerência que está fundamentada a construção teleológica de responsabilização das instituições financeiras por danos ambientais provocados pela implementação dos projetos financiados.

Para garantir a efetividade dessa responsabilização arquitetada por um discurso de inquestionável dimensão ideológica, o legislador, ao "*pensar sin certezas*" – parafraseando o filósofo argentino Dardo Scavino (*La Filosofia Actual*) – imputou ao poluidor indireto, tal qual ao direto, responsabilidade objetiva, de tal sorte que o nexo causal entre o dano provocado e o projeto viabilizado por financiamento bancário já é condição suficiente para fazer surgir o dever de indenizar da instituição financeira.

Vale ressaltar que não logrou êxito, em sede jurisprudencial, a tese esposada pelas instituições financeiras que propugnavam pela elisão de sua responsabilidade caso tivessem agido com a cautela exigível no caso concreto e demandado do empreendedor prospectado, antes da aprovação do financiamento pleiteado, todas as licenças ambientais na forma como instituídas, dentro da Política Nacional do Meio Ambiente, pela Resolução do Conselho Nacional de Meio Ambiente – CONAMA nº 001/86, de 23 de Janeiro de 1986.

Restou cediço, na espécie, a exegese de que tal circunstância poderia até ensejar a elisão da responsabilidade administrativa da instituição financeira pelo dano causado, mas, face à autonomia das esferas para efeito de atribuição de responsabilidade jurídica, jamais teria o condão de refrear a responsabilização, quer na seara penal, quer no campo cível (a propósito, vide Alf Ross, *Towards a realistic jurisprudence: a criticism of the dualism in law*).

Um ponto, todavia, ainda reclama maior grau de aprofundamento nos debates travados amiúde acerca da matéria. É o da previsão de natureza solidária da responsabilidade atribuída ao poluidor direto (agente efetivo do dano, empreendedor financiado) e ao poluidor indireto (instituição financeira que financia a implementação do projeto que acaba por atentar contra a incolumidade do meio ambiente) que se perpetua malgrado estudiosos de escol tenham sedimentado nessa problemática algumas interpretações contemporâneas de Heidegger e Vilém Flüsser, aprofundando a análise das estruturas lógicas da norma que prevê a solidariedade dentro do sistema de direito positivo e relativizando a linguagem do legislador brasileiro a partir de aspectos lingüísticos do pensamento e da experiência conjugados com o estudo da sintaxe, da semântica, da pragmática e da referência.

Desta forma, é imperativo ressaltar-se, para bem dirimir a tabula rasa da legislação, que o instituto da solidariedade – exceção ao princípio *"concursu partes fiunt"* – não está circunscrito a sua expressão pura e simples, podendo também estar subordinado a condição ou termo, hipótese em que se tem a modalidade nominada "acidental", que é a que melhor equaciona a solidariedade idealizada pela legislação em vigor e, neste mister, é certamente a aplicável às instituições financeiras pelos danos ambientais consumados por agentes que lhe tomaram crédito.

Nesse sentido, mesmo reconhecendo que se avizinha tormenta sobre esta "*vexata quaestio*", é de concluir-se que a solidariedade entre instituições financeiras e empresários que lhes tomaram crédito para desenvolvimento de atividades que culminaram com danos ao meio ambiente é solidária acidental, subordinando-se necessariamente à condição de que seja imputada responsabilidade às instituições financeiras somente após excutidos os bens do agente responsável "*in concreto*" pelo dano havido. Em uma palavra, a responsabilidade das instituições financeiras por danos ambientais é subsidiária a dos efetivos causadores dos danos.

O Bacenjud e o Renajud

Financeiro – A Revista do Crédito, outubro de 2008.

Eu penhoro. Tu penhoras. Ele penhora. Nós penhoramos. Vós penhorais. Eles penhoram. Com o advento das Leis 11.232 e 11.382, ambas de 2006, a ordem do dia é a constrição judicial eletrônica que, se por um lado evidencia a beleza que conjuga o conteúdo e a forma da efetividade da tutela jurisdicional mais intrinsecamente vinculada à celeridade do processo, por outro nos permite constatar as imperfeições das quais, malgrado o progresso havido, ainda padecem esses *softwares* e seus sistemas de dados.

Entre tons frágeis e superlativos desesperados dos que buscam solucionar suas contendas por meio da prestação jurisdicional, é geral a constatação de que a tramitação morosa implica numa prestação jurisdicional inócua do ponto de vista da pacificação social, escopo primaz do processo. Sob esse aspecto, é importante o reconhecimento da relevância do tempo na tramitação dos processos e o prestígio dos meios garantidores da pontualidade das decisões, uma vez que fortalecem os princípios da celeridade dos meios e da duração razoável do processo, ambos esposados pela norma do art. 5º, inciso LXXVIII, da Constituição Federal, por força da inserção aprovada pelo poder constituinte derivado, por intermédio da Emenda Constitucional 45/04.

O tempo é realmente um ativo importante. Transplantando as "Bases da Metafísica dos Costumes" de Kant, caracteriza-se como verdadeiro "imperativo categórico" da eficácia das decisões judiciais. Nesse sentido, é de reconhecer-se que as constrições judiciais eletrônicas arquitetadas recentemente estão inseridas neste mosaico de ideias e nessa tônica de velocidade, que nem sempre prima pela razoabilidade, mas que consiste num instrumento valioso para emprestar maior efetividade à liquidez dos títulos executivos judiciais.

Instituto concebido originariamente pela magistratura trabalhista, que paulatinamente foi incorporado à praxe cível, a penhora realizada por meio digital, consentânea com os meios eletrônicos disponíveis na atualidade, foi definitivamente contemplada pela referida Lei 11.382/06, que criou o Bacen Jud e deixou patente a incidência preferencial da constrição sobre dinheiro, seja ele em espécie ou mantido sob a custódia de instituição financeira na forma de depósitos à vista ou fundos de investimento. Estabeleceu, ademais, a predileção da utilização do meio eletrônico para tal desiderato, deixando evidente o intuito desburocratizador da opção adotada e relegando ao segundo plano o envio de ofícios e as diligências levadas a termo por oficiais de justiça. Deixou, ademais, a cargo do executado o dever de comprovar que o montante bloqueado está inserido entre os bens considerados impenhoráveis, com intuito de liberá-lo do gravame judicial, como sói acontecer nas hipóteses de penhoras incidentes sobre contas de depósitos de verbas exclusivamente salariais ou de natureza alimentícia.

Contrapondo o passo desapressado dos processos antes do advento do sincretismo entre os processos de conhecimento e de execução, o Bacen Jud efetiva-se a partir de convênio firmado entre o Banco Central do Brasil e o Tribunal respectivo, que disponibiliza ao magistrado acesso, por meio de uma senha, a sistema eletrônico por meio do qual lhe fica franqueada a possibilidade de colher informações sobre a existência ou não de saldo suficiente para garantir determinado crédito exequendo e determinar a constrição consubstanciada na penhora de valores.

Louvável por reverenciar a celeridade do processo e a efetividade do provimento jurisdicional condenatório, a penhora eletrônica ainda carece, todavia, de aprimoramento na sua operacionalização. As incongruências que, não raro, ainda implicam multiplicidade de bloqueios devido a ordem judicial ser remetida concomitantemente a múltiplas instituições financeiras, por certo nos convidam a reflexão que nos conduz inexoravelmente ao desafio de repensar os princípios constitucionais dentro da racionalidade que deve permear a ordem jurídica.

O bloqueio judicial irrestrito, que atinge a íntegra das contas e aplicações tituladas pelo executado e que nos casos de penhoras múltiplas acaba por implicar na indisponibilidade de quantias que sobejam bastante o valor do crédito exequendo, é uma exuberância nefasta que pode, por exemplo, para a sociedade empresária, importar inviabilidade prática do desenvolvimento de seu objeto social, ainda mais porque a celeridade das penhoras ainda não tem como contraponto a velocidade dos desbloqueios dos valores indevidamente penhorados.

Há, portanto, alguns fios ainda desatados na trama do tecido do desenvolvimento tecnológico para operacionalização das penhoras eletrônicas e, exatamente por isso, a criação do Renajud, que não nos parece suficientemente aprimorado, nos traz à lembrança a célebre frase de Virgílio, que no épico "Eneida" proclama: "Temo os gregos, ainda que tragam presentes".

Em uma palavra, a difusão dos recursos tecnológicos cuja utilização é positiva para dinamizar a distribuição de justiça não pode, contudo, dar azo a experimentações novidadeiras que, sem o necessário esmero que decorre da maturação das convicções, tendem a subverter os fundamentos do processo, sobretudo porque a celeridade dos meios não pode ser considerada um fim em si mesmo.

Na atualidade a penhora eletrônica é, nas palavras do Ministro Carlos Ayres Britto ao parafrasear Victor Hugo, "tão irresistível quanto a força de uma ideia cujo tempo chegou"; porém para instrumentalizá-la adequadamente é necessário prover-lhe meios acurados, pois os princípios da celeridade e da duração razoável dos processos devem ser conjugados a outros princípios próprios do devido processo legal como razoabilidade, proporcionalidade, contraditório e ampla defesa, sob pena de configurar-se o *"venire contra factum proprium"* e, consequentemente, o desserviço ao jurisdicionado.

O advento de uma nova ordem para as Administradoras de Consórcios

Gazeta Mercantil, 01 de julho de 2008.

O dramaturgo francês Molière, no ato IV do seu clássico "L'étourdi" afirma que: "Os erros mais curtos são os melhores". Augurando abrandar os erros que favoreçam sobressaltos na relação jurídica estabelecida entre consorciados e grupos de consórcio que, no mais das vezes, incluem a administradora de consórcio como protagonista involuntária de conflitos judiciais, a Câmara dos Deputados aprovou o Projeto de Lei nº 7.161, de 2006.

Como se depreende da análise do próprio vocábulo que o define, o consórcio é espécie de associação de pessoas que se unem em grupos para, mediante autofinanciamento, envidar esforços conjuntos para aquisição de bens de consumo, comprometendo-se voluntariamente a canalizar recursos individuais próprios para a formação de uma poupança comum, de titularidade do grupo.

Na dinâmica das operações de consórcio, três questões aparentemente controversas emergem e merecem exame pouco mais pormenorizado: 1. a discussão sobre a legitimidade da administradora para integrar o pólo passivo da relação jurídica processual nas ações propostas por consorciados excluídos ou desistentes; 2. a hipótese de a administradora de consórcio suportar, com seu próprio patrimônio, condenações que lhe são imputadas em ações propostas por consorciados; 3. o momento correto para devolução dos valores das parcelas pagas por consorciados desistentes ou excluídos dos grupos.

Sobre a presença da administradora no polo passivo das ações propostas por consorciados, cuja causa de pedir está relacionada à relação jurídica estabelecida por força da adesão de consorciados ao grupo, remanesce algum dissenso, tanto em sede doutrinária como jurisprudencial. Entendem alguns que se opera o fenômeno da substituição processual e consideram outros, todavia, que na verdade o que se verifica na espécie é o instituto da representação processual, pela qual a administradora de consórcios age no processo na condição de representante do grupo, este sim parte processual. Seja qual for a exegese, prevalece a inteligência de que a administradora pode ser demandada pelos consorciados, ressaltando-se, todavia, que a legitimidade para figurar na relação processual não permite, sob nenhuma hipótese, inferência sobre a responsabilidade patrimonial da administradora de consórcio por eventual condenação relacionada a ação judicial proposta por consorciado.

Malgrado sejam de simplicidade franciscana, duas razões sustentam essa afirmação e merecem ser destacadas: I. o patrimônio do grupo não se confunde, em absoluto, com o patrimônio da administradora; II. a relação jurídica de direito material que enseja a propositura da ação não é estabelecida com a administradora de consórcio, razão pela qual não há como conceber-se que os efeitos da sentença condenatória repercutam sobre o seu patrimônio.

Portanto, a imputação da obrigação de arcar com responsabilidade própria do grupo somente se verifica, em caráter extraordinário e excepcional, quando se comprova a culpa da administradora de consórcio no exercício de sua atribuição gerencial, causando prejuízos ao grupo. Em uma palavra, trata-se de exceção que somente confirma a regra geral: o patrimônio da administradora de consórcio e o patrimônio do grupo de consorciados são distintos entre si e não se confundem. Aliás, o texto do Projeto de Lei nº 7.161, concebido visando extirpar essas e outras confusões, evidencia essa questão.

No que concerne ao momento de devolução do valor das parcelas a consorciados desistentes ou excluídos (com recursos provenientes do patrimônio do grupo), é evidente que atualmente o instante oportuno para que se proceda tal devolução é aquele posterior ao encerramento do grupo, conforme dispõe expressamente a Circular BACEN 3.084, de 2002. Encetar entendimento diverso equivale a olvidar a existência do normativo referido, além de ignorar que a Lei nº 8.177, de 1991, atribui ao Banco Central a regulamentação e fiscalização dos consórcios.

Prescindir da aplicação da norma que hoje estabelece que a devolução das parcelas deve ser realizada após encerramento do grupo equivale a desservir aos direitos e interesses do grupo e, nesse sentido, significa fazer prevalecer o interesse de apenas um consorciado em detrimento dos direitos de toda a coletividade de consorciados que integram o grupo, o que frustra a consecução dos objetivos do conjunto de pessoas que compõem a associação consortil e contraria o parágrafo 6º do art. 1º do Regulamento anexo à Circular BACEN 2.766, de 1997.

Aprovado o Projeto de Lei esse ponto de discórdia sobre o momento correto de devolução das parcelas pagas pelos consorciados desistentes ou excluídos também será equacionado, pois nele está expressamente previsto que os consorciados que pagarem até cinco prestações somente receberão os valores ao final do grupo. Aqueles que pagarem seis ou mais parcelas continuarão participando dos sorteios do grupo e, se sorteados, receberão os recursos imediatamente.

É certo que ainda remanescerá dúvida sobre alguns pontos relacionados às cotas de reposição e que a iniciativa também poderia ter instituído uma tabela regressiva de tributação inspirada na lógica do VGBL e PGBL, mas isso não é suficiente para deslustrar o Projeto, que fortalece o instituto do consórcio à medida que o consolida, na visão do Professor Giannetti ("O valor do amanhã"), como opção de quem não quer arcar com os custos de antecipar valores do futuro para o presente. Afinal, na queda de braço entre presente e futuro, o mundo atual necessita mais da racionalidade da formiga que da impulsividade da cigarra.

Assim, na expectativa de que o Projeto de Lei nº 7.161 seja aprovado para findar esses desalinhos que conturbam a matéria, parafraseamos o fidalgo florentino Mosca Lamberti, personagem de Maquiavel em seu "Istorie Fiorentine": "Cosa fatta capo ha", ou seja, "O que tem começo tem fim". Amém.

A exigência de registro do contrato de alienação fiduciária de veículos nos Cartórios de Títulos e Documentos

Financeiro – A Revista do Crédito, janeiro de 2009.

Os sortilégios e a controvertida mística do clérigo russo Rasputin, se convertidos para as letras jurídicas, certamente criariam um mosaico de passes de ilusionismo retórico, malabarismos literários, circunlóquios e piruetas verbais que favoreceriam a interpretação equivocada que atualmente tem corrompido a essência da norma contida no parágrafo 1º do artigo 1.361 do Código Civil. Ao prever que a propriedade fiduciária constitui-se com o registro do contrato no registro de títulos e documentos do domicílio do devedor, ou, em se tratando de veículos, na repartição competente para o licenciamento, o normativo referido evidenciou que o registro haverá de ser realizado em um ou em outro e não em um e em outro órgão, ressaltando a aplicação do disjuntivo e não do conectivo, lógica essa que fora reiterada expressamente pelo artigo 27 da recém-aprovada Lei de Consórcios – a Lei nº 11.795, de 2008 –, cujo termo inicial de vigência foi em 6 de fevereiro de 2009.

Em outras palavras, o registro dos contratos de alienação em garantia de veículos na repartição competente para o licenciamento torna despiciendo qualquer outro registro. Todavia, embora simples a interpretação da norma, é certo que a hipertrofia do mercado brasileiro de automotores robustece a tentativa de subverter a essência da lei, uma vez que mais de dois terços do total de veículos emplacados neste ano foram adquiridos mediante financiamento, via de regra garantido pelo negócio fiduciário acessório que teve como objeto, por meio de condição resolutiva, a transitória alienação do próprio veículo pelo consumidor adquirente – devedor fiduciante – à instituição que financiou sua aquisição – credora fiduciária – até quitação das prestações e a consequente liquidação do contrato.

Sob o argumento de que a disjunção, que enaltece a necessidade de registro do contrato de alienação fiduciária de veículos apenas na repartição competente para o licenciamento, decorre de um singelo erro de redação do parágrafo 1º do artigo 1.361 do Código Civil – que utilizou "ou" e não "e", como ensejado pelos que esposam esse entendimento –, expedem-se aqui e acolá normativos em que se entrevê a arbitrariedade das próprias razões de seus conceptores, que passam ao largo da complexidade do processo legislativo que culminou com a promulgação do monumento que é o Código Civil brasileiro e, talvez em razão disso, enveredem caminhos transversos para retocar o que entendem corrompido.

Vale ressaltar que, esposando o mesmo propósito de corrigir a redação do parágrafo 1º do artigo 1.361 do Código Civil, foram apresentados pelo à época deputado Ricardo Fiúza o Projeto de Lei nº 6.960 e o Projeto de Lei nº 7.312, ambos de 2002, que, tendo recebido parecer desfavorável do então deputado Luiz Antonio Fleury Filho, foram arquivados. Afora os referidos, há outros inspirados pela mesma ordem de ideias – tal qual o Projeto de Lei nº 3.351, de 2004, e o Projeto de Lei nº 309, de 2007 – que, à míngua de uma engenharia argumentativa melhor sedimentada, seguem reproduzindo o notadamente combalido mantra do erro de redação.

Sem olvidar a inteligência e a interpretação sistêmica a que se submete o artigo 236 da Constituição Federal, ao conjugar o texto do parágrafo 1º do artigo 1.361 do Código Civil com as disposições dos artigos 127 a 131 da Lei de Registros Públicos – a Lei nº 6.015, de 1973 –, que versam especificamente sobre as atribuições do registro de títulos e documentos, conclui-se que o Código Civil, ao estabelecer no ano de 2002 que é bastante o registro do contrato de alienação fiduciária de veículos na repartição competente para o licenciamento, revogou tacitamente a previsão contrária que, em vigor desde 1973, disciplinou o regime dos serviços concernentes aos registros públicos. Na mesma linha de entendimento, o Supremo Tribunal Federal (STF), na decisão unânime proferida na Ação Direta de Inconstitucionalidade (Adin) nº 2.150-8, considerou constitucional o registro da alienação fiduciária de veículos diretamente nas repartições de trânsito, dispensada a atuação dos cartórios. Integrando o arcabouço interpretativo que destoa totalmente do que está previsto de forma expressa no Código Civil, tem-se também a alegação de que o registro do contrato de alienação fiduciária de veículos nos cartórios de títulos e documentos tem o condão de reduzir o potencial de fraudes na expedição do Certificado de Registro e Licenciamento de Veículos (CRLV), uma vez que tais inconsistências são atribuídas à falta de estrutura dos Detrans para prestar tal serviço e dar publicidade ao ato. Sobre a suposta segurança dos procedimentos de registro, vale trazer à lembrança o voto proferido pelo ministro Athos Gusmão Carneiro, do Superior Tribunal de Justiça (STJ), no julgamento do Recurso Especial nº 1.774-0, de São Paulo, que concluiu que "a publicidade que o registro de títulos e documentos proporciona não supera os limites da ficção, pela quase impossibilidade total que terceiros têm na consulta a esses registros, para verificar a situação do bem".

Suplantando os erros dessa dinâmica, a maioria dos que esposavam a tese da obrigatoriedade dos registros dos contratos em cartório sucumbiu diante de decisões judiciais que retiraram, liminarmente ou no mérito, a eficácia dos normativos expedidos em desconformidade com o que preceitua o parágrafo 1º do artigo 1.361 do Código Civil.

Atualmente, como expressão natural da racionalidade que inspira o contínuo aprimoramento da interpretação das normas, é de concluir-se que a atecnia da exigência do duplo registro continuará sendo paulatinamente apagada e certamente a última sonata dos poucos que ainda insistem nessa ilegalidade está em um porvir muito próximo, como ocorre na clássica "Sinfonia dos adeuses", de Haydn, em que cada músico, quando termina sua partitura, apaga a vela que ilumina seu atril e simplesmente vai embora.

A legalidade da comissão de permanência

Valor Econômico, p. E2, 13 de junho de 2008.

A comissão de permanência, consolidada pela dinâmica contratual bancária sedimentada nos contratos de mútuo, tem, como espécie de encargo que o é, suscitado debates ora científicos ora passionais que têm sido entrecortados por aqueles que, de um lado, defendem sua legalidade e os que a refutam.

Contendores de toda magnitude têm participado dessa polêmica, alguns argutos e notáveis, tratando o tema com temperança e acuidade, e outros dispensando a ele mero simulacro de análise, enaltecendo números e cálculos que, se por um lado salientam o golpe baixo dos juros altos e denotam antipatia aos lucros demasiados, por outro mostram que a exatidão da pesquisa provavelmente fora entorpecida pela parcialidade patente em tal aversão à recompensa pelo risco que o investidor assumiu ao iniciar seu empreendimento em um mercado permeado pela insegurança gerada por sua forte volatilidade.

Ao analisar algo a partir de uma conclusão já assentada, o pesquisador passa a conceber premissas prêt-à-porter para fabricar o resultado preexistente, tentando, para utilizarmos linguagem figurada, tensionar arbitrariamente o peso para fazer com que a direção do fio de prumo aponte para sua preferência. Ao conduzir-se dessa forma, o estudioso passa a ser fâmulo de um propósito do qual já estava enamorado e dependente, quedando-se subalterno de sua própria cegueira. Como de há muito asseverou Sêneca, somente é livre quem deixou de ser escravo de si mesmo. Concebida com fundamento no inciso IX do artigo 4º da Lei nº 4.595, de 1964, a comissão de permanência foi originariamente arquitetada em 1966, nos termos do item XIV da Resolução nº 15 do Conselho Monetário Nacional (CMN), tendo sido, ato contínuo, objeto de tratamento normativo pelo item V da Circular CMN nº 77, de 1967 e, posteriormente, também pela Circular CMN nº 82, do mesmo ano, que deu nova redação ao item V da Circular CMN nº 77.

Transcorridas mais de duas décadas desde a edição da Resolução CMN nº 15, e a par de outras normativas emanadas do conselho e divulgadas pelo Banco Central nesse interregno, a Resolução CMN nº 1.129, de 1986, que está em vigor, corroborou a regularidade da cobrança da comissão de permanência, franqueando expressamente às instituições financeiras, no seu item I, a possibilidade de cobrança desse encargo, cujo cálculo deve ser parametrizado pelas mesmas taxas pactuadas no contrato original ou pela média da taxa de mercado praticada no dia do pagamento.

Todavia, malgrado exista disposição normativa amparando a cobrança da comissão de permanência nos contratos de mútuo bancário, celeumas várias, seja nos estudos acadêmicos ou na militância forense, têm erigido a referida comissão a tema que tem inspirado desde reflexões sobre os fundamentos macroeconômicos de sustentação do mercado até questões sobre a reinvenção da comutatividade contratual, todos perpassados por indagações sobre o papel das instituições financeiras e pontuados por um sem-número de argumentos jurídicos, econômicos, financeiros e sociais de toda sorte. A embrulhada é tamanha que nos traz à lembrança as ordens desconexas que, na obra narrativa "O Processo", do romancista austro-húngaro Franz Kafka, enredam o intérprete numa situação ilógica que o expõe a toda espécie de confusão.

Nesse mister, é importante ressaltar que a polêmica também fez morada nas várias instâncias, juízos e tribunais país afora, havendo julgamentos cujas posições são verdadeiramente antagônicas entre si, uns reconhecendo a validade e eficácia da cláusula contratual que estabelece a comissão de permanência nas operações de mútuo bancário e outros exteriorizando total repúdio ao encargo, vedando veementemente sua cobrança por entendê-la nefasta, independentemente de o banco ter se acautelado ou não mediante previsão em contrato.

De um e de outro lado existem argumentos de fôlego, amparados por juristas de nomeada que, subtraídos dos passes literários e malabarismos retóricos que apenas contribuem para a controvérsia, têm desenvolvido estudos de indiscutível profundidade para tentar levar a questão a bom termo.

É importante ressaltar que o Superior Tribunal de Justiça (STJ) tem entendido, sem nenhuma espécie de pragmatismo economicista, pela validade e eficácia da cláusula contratual que estabelece a possibilidade de cobrança da comissão de permanência nos mútuos bancários, vedando sua cumulação com a correção monetária nos termos do que dispõe sua Súmula nº 30.

Como contraponto, é importante salientar que o entendimento reiteradamente exarado pelo STJ tem sido relativizado por alguns estudiosos que vislumbram decorrer essa assertividade dos julgamentos da simples interpretação de que não são cabíveis recursos especiais para simples interpretação de cláusula contratual, conforme asseverado pela Súmula nº 5 do STJ.

Conquanto alguns juristas de escol compartilhem essa mesma interpretação, tal exegese não nos parece razoável, pois embora seja notório que o exame de provas e fatos esteja circunscrito às instâncias ordinárias, é também evidente que o enunciado da Súmula nº 5 utiliza-se do vocábulo "simples" para extremar a interpretação para a qual incabível recurso especial daquela que demanda interpretação jurídica qualificada, para a qual o recurso é, no nosso entendimento, admissível.

Sobre o tema, corroborando a legalidade de sua cobrança, o STJ também posicionou-se por meio da sua Súmula nº 294, afirmando que não é potestativa a cláusula contratual que prevê a comissão de permanência calculada pela taxa média de mercado apurada pelo Banco Central, desde que limitada à taxa do contrato e, também, por meio da Súmula nº 296, fixando que os juros remuneratórios, não cumuláveis com a comissão de permanência, são devidos no período de inadimplência, à taxa média de mercado estipulada pelo Banco Central, limitada ao percentual contratado.

É de considerar-se, portanto, que a comissão de permanência é encargo lícito que, considerada a expectativa de credibilidade suscitada pela chancela do *investiment grade*, pode e deve ser imputado ao inadimplente do mútuo bancário, pois, "*mutatis mutandis*", como asseverou Shakespeare, "nada encoraja tanto ao pecador como o perdão".

Os correspondentes bancários

Valor Econômico, p. E2, 07 de março de 2008.

Cunhada pelas mãos vigorosas de artistas superiores como Segadas Viana, Oscar Saraiva, Luís Augusto Rego Monteiro, Dorval Lacerda Marcondes e Arnaldo Lopes Süssekind, sem olvidarmos a importante contribuição do professor Cesarino Júnior e também do advogado Rui Azevedo Sodré, a Consolidação das Leis do Trabalho (CLT) – promulgada em 1943 por Getúlio Vargas – estabelece, em seu artigo 3º, os elementos delineadores da condição de empregado e, nesse mister, evidencia o elenco de princípios caracterizadores da relação de emprego.

Depreende-se da letra da lei que pessoalidade, habitualidade, onerosidade, dependência e subordinação são os traços distintivos cuja confluência enseja necessariamente o reconhecimento da condição de empregado.

Destarte, é cediço que ultimamente um número considerável de funcionários de empresas, que atuam como correspondentes de instituições financeiras, tem batido às portas do Judiciário pugnando pelo reconhecimento de um pretenso vínculo empregatício supostamente estabelecido entre eles, reclamantes, e a instituição financeira que celebra avença com a empresa prestadora de serviços com quem efetivamente os malsinados contendores mantêm relação de emprego.

A arrebatada profusão dos correspondentes tornou a questão objeto de acendradas polêmicas cada vez mais recorrentes nas varas do trabalho Brasil afora. Com efeito, a crescente contratação de correspondentes para realização de serviços de cunho acessório às atividades privativas de instituições financeiras deu azo à proliferação de demandas judiciais nas quais os reclamantes intentam obter declaração de existência de vínculo empregatício com as instituições financeiras e, consequentemente, ensejam sua condenação ao pagamento dos consectários decorrentes desse reconhecimento da relação de emprego, tanto os legais quanto os previstos em convenção coletiva. Como diria o memorialista francês La Rochefoucauld: "É mais fácil parecermos dignos dos empregos que não temos do que daqueles que exercemos".

Muitas dessas empresas prestadoras de serviços, malgrado não desenvolvam atividades financeiras, que são privativas das instituições integrantes do Sistema Financeiro Nacional, ficaram conhecidas como "correspondentes bancários". São, modo geral, constituídas tendo como objeto social o desenvolvimento de atividades de assessoria e consultoria financeira, com o desiderato específico de prestar serviços a bancos, atuando na prospecção de clientes em potencial.

É de ressaltar-se que, embora a prospecção seja realizada pela empresa prestadora de serviços, a contratante da operação de concessão de crédito ou financiamento é efetivamente a instituição financeira. A empresa prestadora de serviços, bem como seus empregados e demais funcionários, atua meramente na aproximação entre instituições financeiras e clientes.

À evidência, não se estabelece nenhuma relação de cunho trabalhista entre tais empregados e funcionários das prestadoras de serviços e os Bancos. Em verdade, a única relação jurídica estabelecida nesse contexto circunscreve-se aos Bancos e às próprias prestadoras de serviços, sendo esta de natureza eminentemente civil e não se estendendo sob nenhuma hipótese aos empregados e funcionários das prestadoras. Nesse sentido, é patente a falta de substrato fático a amparar a tese levada aos Tribunais com o fito de que acolham os pleitos de declaração de relação de emprego.

Dessa miríade de noções, alguns quesitos enaltecem o latente descabimento da pretensão e merecem ser cotejados. A prestadora é quem mantém contrato com o banco, não o reclamante; o serviço contratado não é, via de regra, prestado com exclusividade; a contraprestação financeira a que o reclamante faz jus pela atividade que desenvolve lhe é paga pela prestadora de serviços; inexiste liame de subordinação mantido entre o reclamante e o Banco, o que é notório mormente pela absoluta impossibilidade de monitoramento, pelo Banco, das atividades desenvolvidas e das jornadas de trabalho cumpridas especificamente pelo reclamante.

Atento a essas incertezas e ambigüidades que também assolam a sociedade francesa, o professor da Universidade de Nantes, Alain Supiot, na sua obra *"Au Delà de L´Emploi"* (Além do Emprego), corrobora a visão do jurista francês Jean-Michel Belorgey ao preconizar a necessidade de compreender-se que o trabalho transcende o contrato de trabalho subordinado.

Entre nós, o professor Cássio Mesquita Barros, outrora membro da Organização Internacional do Trabalho, também tem sedimentado esse entendimento cujo pressuposto fundamental enaltece a necessidade de uma verdadeira concertação social para mudança dessa mentalidade.

Em suma, parece-nos que se por um lado a disseminação dos correspondentes bancários representou notável avanço no processo contínuo de aprimoramento e facilitação do acesso dos consumidores aos serviços outrora concentrados no âmbito físico das agências bancárias, por outro está ensejando a criação de uma ditadura judiciária do emprego concebida a partir da multiplicação de reclamações trabalhistas que, prescindindo conscientemente dos meios alternativos que afluem para solução de conflitos numa sociedade pós-industrial, abarrotam cada vez mais os escaninhos já atulhados da Justiça do Trabalho que, provavelmente, não reconhecerá tais relações como se de emprego fossem, sobretudo por não estarem amparadas pelo fio de prumo assimétrico e oblíquo do Enunciado nº 331 do Tribunal Superior do Trabalho (TST).

O negócio fiduciário e a recuperação judicial

Valor Econômico, p. E 02, 29 de janeiro de 2008.

Trilhando o compasso de evolução da tecnologia jurídica, sedimentou-se no mercado uma nova dinâmica negocial que evidencia o anacronismo dos instrumentos clássicos de garantia e, ao mesmo tempo, envida esforços para adequá-los à velocidade da operações bancárias e financeiras sem prescindir da segurança compatível com os riscos que lhes são próprios e, sobretudo, com o grau de incerteza de seu adimplemento.

A escalada de construção de prodigiosas espécies de "*covenants*" – "*cross default*", "*negative pledge*", "*ownership clause*", "*pari passu*" etc. – cada vez mais categóricos demonstra a inquietude dos mutuantes face aos prognósticos pouco alvissareiros na instrumentalização dos seus contratos com estas garantias tradicionais.

O penhor mostrou-se relativamente inconveniente por implicar na efetiva entrega do bem móvel empenhado, importando em uma espécie de renúncia à sua posse, ainda que provisória, por parte do devedor. Mesmo ressalvando-se deste regramento o penhor rural, industrial, mercantil e de veículos, o instituto ainda apresenta contornos antiquados que denunciam sua obsolescência. A hipoteca, que não padece do mesmo inconveniente do penhor, tem, contudo, um campo de incidência notadamente diminuto – restrito aos bens imóveis e equiparados como aeronaves, navios e estradas de ferro –, além de apresentar desvantagens relacionadas a custos e morosidade na sua execução. Configurando-se como uma simbiose de penhor e hipoteca, a anticrese, a seu turno, é uma garantia real cuja utilização é nenhuma, tendo-se em vista que acarreta a transferência da posse de um bem imóvel ao credor para que ele o administre e dele usufrua, colhendo os frutos percebidos, até ser integralmente paga a dívida que o devedor anticrético tem para com ele.

A escalada evolutiva dos instrumentos de garantia das relações jurídicas tem seu marco inaugural no advento da compra e venda com reserva de domínio, pela qual um bem adquirido mediante um financiamento permanece na propriedade do credor até que o saldo devedor do adquirente financiado seja integralmente liquidado. Caso contrário, a solução é a venda judicial do bem para amortização do saldo devedor, hipótese deveras combalida, mormente por ser considerada sobremaneira lenta e sujeita a trâmites cartoriais marcados pelo excesso de formalidades.

O aprimoramento dos instrumentos de garantia das obrigações jurídicas assumidas pelo devedor causa direta da dinamização e expansão do mercado de crédito, fora robustecido a partir da inclusão do negócio fiduciário entre as modalidades de garantia. A propriedade fiduciária é constituída mediante transferência da propriedade resolúvel e da posse indireta de bem imóvel infungível efetuada pelo devedor em benefício do credor, como expressão de garantia do integral adimplemento de seu débito. O devedor fiduciante, por sua vez, permanece com a posse direta do bem e como depositário da coisa.

O negócio fiduciário, inspirado no "*trust*" dos sistemas da "*common law*", foi instituído na seara do direito positivo pátrio pela Lei nº 4.728, de 1965, que restringia a utilização desta modalidade de garantia às instituições financeiras, uma vez que o diploma legal referido versava sobre questões atinentes ao mercado de capitais. Outro passo no sentido de aperfeiçoar o arcabouço legal que disciplina o negócio fiduciário foi o Decreto-lei nº 911, de 1969, pois, até sua edição, o inadimplemento da obrigação principal garantida franqueava ao credor fiduciário a propositura de uma ação reivindicatória para consolidar a posse plena do objeto do negócio fiduciário, requisito para venda do bem. Após, ao credor fiduciário pavimentou-se uma nova via de ação, de procedimento especial, mais célere, consistente na ação de busca e apreensão, conversível em ação de depósito que, uma vez tendo ensejado a consolidação da propriedade em mãos do credor fiduciário, faculta-lhe a possibilidade de promover a venda extrajudicial do bem alienado para satisfazer seu direito de crédito.

Na sequência desta escalada evolutiva, veio a Lei nº 9.514, de 1997, que ao dispor sobre o sistema financeiro imobiliário estendeu o campo de incidência do objeto da alienação fiduciária, até então restrito aos bens móveis, amparando o credor fiduciário titular de propriedade resolúvel de bem imóvel, com ação de reintegração de posse (ajuizável se configurado o esbulho possessório pela recusa do devedor fiduciante em entregar o bem ao credor fiduciário) e estipulando a venda do bem alienado fiduciariamente em leilão público como meio adequado para viabilizar a apuração de montante destinado a liquidação do débito em aberto relativo à obrigação principal contratada. Ato contínuo, o novo Código Civil disciplinou pormenorizadamente a propriedade fiduciária de bens móveis, deixando explícito que as demais espécies de bens seguem sob a égide das leis especiais que as regulam, tendo a Lei nº 10.406, de 2002, uma aplicação meramente subsidiária sobre tais espécies.

Ademais, neste compasso progressivo tivemos a contribuição trazida pela Lei nº 10.931, de 2004, admitindo como objeto da alienação fiduciária bens fungíveis e também a cessão fiduciária de direitos sobre coisas móveis, bem como de títulos de crédito, e alterando aspectos relacionados ao prazo e à forma de purgação da mora pelo devedor fiduciante – que tem cinco dias após o cumprimento da liminar concedida para depositar a integralidade do débito.

Disposição muito relevante acerca da matéria foi inserida também na Lei nº 11.101, de 2005, que, ao tratar das falências e recuperações judiciais, excluiu expressamente os credores de contratos financeiros de alienação fiduciária, de arrendamentos mercantis, de compras e vendas com reserva de domínio e de adiantamentos sobre contratos de câmbio, da sujeição geral aos efeitos da recuperação judicial, de tal sorte que o credor fiduciário não precisa habilitar seu crédito para aguardar o pagamento da dívida.

Como contraponto à evolução do negócio fiduciário, vale registrar que alguns poucos ainda resistem ao aperfeiçoamento do instituto e entendem devida a inclusão do credor fiduciário no quadro geral de credores, mais especificamente na classe de credores com garantia real, na hipótese de recuperação judicial. Neste sentido, deve-se aprioristicamente ressaltar que este entendimento discricionário é contrário à essência e antagônico ao sopro vital do negócio fiduciário, ainda mais porque os critérios da hermenêutica, sujeitos à dialética, relativizam-se na medida em que aplica-se ao mesmo tempo a interpretação extensiva a normas que concomitantemente irradiam efeitos sob um mesmo contexto fático. Ao se fortalecer injustamente a posição da empresa em recuperação judicial, inevitavelmente desprestigia-se a higidez do crédito, ou, na assertiva do escritor francês Antoine de Saint-Exupéry, "é o mesmo sol que derrete a cera e seca a argila".

A legalidade da TLA nos contratos de empréstimo

Valor Econômico, p. E2, 04 de dezembro de 2007.

Assimilando tendências preconizadas por estilistas jurídicos de variada modelagem, o debate sobre a tarifa por liquidação antecipada (TLA), cuja correta denominação talvez fosse comissão por liquidação antecipada, nos traz à lembrança a célebre assertiva do poeta inglês Alexander Pope, que em seu "Ensaio sobre a Censura" epigramatiza: "Uns louvam de manhã o que censuram à noite, e sempre acham certa a sua última opinião". Para tratar dessa temática, os oráculos da prudência não podem restar ociosos, pois ninguém excede os curtos limites do ser humano e cada qual possui um senão que pode subtrair-lhe a razão.

A Resolução nº 2.303, de 1996, expedida pelo Conselho Monetário Nacional (CMN), é a normativa que disciplina, no Brasil, a cobrança de tarifas pela prestação de serviços por parte das instituições financeiras e pelas demais instituições autorizadas a funcionar pelo Banco Central do Brasil (Bacen). Analisados seus delineamentos e percorrendo os caminhos das suas possibilidades, limitações e vedações, dela não é possível extrair-se nenhuma interpretação, ainda que mal abalizada tecnicamente sob a égide da melhor hermenêutica, tendente a vedar a cobrança da TLA. Tanto assim que, em setembro de 2006, o CMN expediu a Resolução nº 3.401, que em seu artigo 2º e respectivo parágrafo único trata especificamente de tal tarifa, evidenciando que essa cobrança deverá constar de uma cláusula contratual específica, acompanhada das demais informações necessárias e suficientes para possibilitar o cálculo do valor a ser cobrado ao longo do prazo de amortização contratual.

Ademais, a partir de uma redação compartimentada em um mosaico de hipóteses que provavelmente serão melhor sistematizadas oportunamente, prevê, com sensatez e sem superlativos, que a TLA deve guardar relação direta e linear com o prazo de amortização remanescente e com a parcela não amortizada do principal no caso de liquidação antecipada total, ou com o prazo de amortização remanescente e com o montante liquidado antecipadamente no caso de liquidação antecipada parcial, sendo que em ambos os casos deverá ser apurada na data em que ocorrer a liquidação antecipada.

Compulsada a análise deste contexto normativo, que compreende também o dispositivo contido no parágrafo 2º do artigo 52 do Código de Defesa do Consumidor (CDC) – que ao assegurar ao consumidor a liquidação antecipada do débito, total ou parcialmente, mediante redução proporcional dos juros e demais acréscimos, é compatível com a possibilidade de cobrança da TLA, uma vez que, se abalizada adequadamente, esta não frustra nem a possibilidade de liquidação e sequer a redução asseverada – é de concluir-se que a legalidade da cobrança dessa tarifa, cujo suporte fático é reconhecidamente o descasamento entre ativos e passivos, decorre de sua expressa previsão contratual estabelecendo critérios objetivos, permeados pela razoabilidade e proporcionalidade do seu valor a partir do montante e do prazo remanescentes até o termo final do empréstimo havido, permitindo ao seu tomador, nos termos dos artigos 46 e 52, *caput*, do CDC (embora nem todos os tomadores de empréstimos sejam considerados consumidores) ciência inequívoca sobre as características da contratação que está levando a efeito.

Ademais, é certo que as perdas decorrentes do descasamento entre ativos e passivos estarão sempre relacionadas com o grau de liquidez do mercado – que quanto mais se aproxima da chancela do *"investment grade"* mais supera o escasseamento do crédito e, neste mister, mais dificulta a realização de um novo empréstimo dos valores recebidos antecipadamente. O que, como consequência, pode consubstanciar um empecilho à recuperação, inclusive, dos custos de captação dos recursos para a operação.

Em essência, a TLA, subtraindo a discussão sobre sua natureza jurídica de tarifa ou comissão, é expressão de razoabilidade e proporcionalidade que congrega em si elementos ponderadores cuja finalidade é salvaguardar a dinâmica do mercado e extirpar-lhe eventuais riscos de colapso em caso de multitudinários e consecutivos descasamentos entre ativos e passivos.

Assim, considerando, por um lado, a busca incessante pela estabilidade do ordenamento e, por outro, a pujante e inclemente mudança social que é a todo tempo deflagrada pela "revolução dos fatos" – na expressão do jurista italiano Mauro Cappelletti –, auguramos que estes parcos traços contribuam para, parafraseando o filósofo Confúcio, acender uma vela na escuridão enquanto a luz do sol não ilumina por completo.

O surgimento do consumidor profissional

Valor Econômico, p. E2, 06 de novembro de 2007.

Forjado a partir de uma economia de mercado que vem, pouco a pouco, entendendo a necessidade de atenuação do seu rigor a partir do exsurgimento de uma terceira via, até então sedimentada por um solidarismo social ainda tímido e cambiante, o Código de Defesa do Consumidor (CDC) – a Lei nº 8.078, de 1990 –, que no mês de outubro completou 17 anos de vigência, ainda anseia juntar a normatização legalista a um fator de inclusão social, para que atores sociais, até então economicamente marginalizados, possam percorrer as veredas do consumo.

Mesmo diante da problematização da sua aplicabilidade, instigada nos últimos tempos por malabarismos retóricos e passes literários, que ganharam notoriedade sobretudo na antológica controvérsia sobre sua aplicação aos bancos, levada ao Supremo Tribunal Federal (STF) por meio da Ação Direta de Inconstitucionalidade (Adin) nº 2591, um exame singelo da jurisprudência nos mostra que os magistrados têm, em sua maioria, absorvido a inteligibilidade deste diploma normativo, o que está evidenciado, por exemplo, na decisão do Supremo na referida Adin, especificando quais matérias estão sob a égide do CDC e o que é de reconhecida competência privativa do Conselho Monetário Nacional (CMN).

Destarte, mesmo considerando os avanços em um e outro sentido, alguns degraus desta escada de Jacó ainda têm que ser transpostos, haja vista as lacunas históricas que inseriram o país em um processo patológico calcado na inércia do Estado que exilou indivíduos em sua própria terra, e no descaso que durante muito tempo privou de assistência aqueles distantes do poder.

De qualquer forma, é de reconhecer-se que, com o advento do CDC, que congrega em si toda uma principiologia haurida da Constituição Federal de 1988, o abismo que separava os dois tempos do mesmo país começou a ser transposto e principiou-se uma tentativa de supressão desses paradoxos, uma espécie de juízo final das práticas inescrupulosas, dos engodos e do comércio de propostas falsas.

A sociedade contemporânea, outrora permeada por conflitos inter-subjetivos passíveis de resposta satisfatoriamente eficaz pelo Código de Processo Civil (CPC), modernamente não mais se convalesce diante de um sistema incapaz de dissipar os embates coletivos e difusos oriundos do exercício naturalmente conflitivo da cidadania em um contexto democrático. A proteção coletiva trazida pelo Código de Defesa do Consumidor expressa a preocupação de efetivamente encampar um aparato coletivo para a defesa da parte considerada vulnerável na relação de consumo, de há muito versado pela doutrina, embora não houvesse instrumentos materiais e processuais para tal.

Com o Código de Defesa do Consumidor muitas coisas boas vieram. Nos supermercados, feiras e padarias ouve-se constantemente que isto e aquilo é abusivo; que há direito assegurado de arrependimento e consequente restituição do preço mediante devolução do produto; que a oferta vincula e, desta forma, legitima a exigibilidade de seu cumprimento, ou seja, os direitos previstos pelo código contagiaram consumidores das mais diversas camadas sociais, indistintamente. É gratificante a constatação desta tomada de consciência coletiva pela qual donas-de-casa, profissionais autônomos e liberais em geral e, enfim, até os advogados mais céticos apreenderam o que esta legislação trouxe para a salvaguarda dos direitos da cidadania. Para elucidar o exaltamento, que perpassa esta situação, recordo trecho de Eça de Queirós, em "A Correspondência de Fradique Mendes": "A nação inteira se doutorou. Do norte ao sul, no Brasil, não há, não encontrei, senão doutores!" Este é, em uma via dúplice, o retrato positivo do Código de Defesa do Consumidor que, de alguma forma, juridicizou o pensamento do povo brasileiro.

Todavia, do revés desta moeda cunhada pela mão vigorosa da boa-fé surgiu uma figura grotesca, que atende sob a alcunha de "consumidor profissional", que é, no mais das vezes, um rábula que, conhecedor dos aspectos pragmáticos da legislação, milita em causa própria. Um sanguessuga que, valendo-se de um conceito deturpado de cidadania, o exaspera ao mesmo tempo que o enaltece a fim de obter vantagens indevidas. Este aviltamento verifica-se, por exemplo, nos pedidos contidos nas enxurradas de ações promovidas nos tribunais de todo o país, ainda mais ao constatar-se que esses consumidores desfilam nos autos dos processos, invariavelmente, um sentimento exacerbado de dor, de pesar, de inconformismo em face de questiúnculas corriqueiras, ou seja, esses consumidores pugnam sobremaneira pela preservação de sua esfera de direitos e, não raro, sentem-se tão espoliados na intimidade de seu suposto calvário, que tentam obstar a instrumentalização de direitos alheios, naturalmente expandindo os seus próprios e encarniçando-se desvairadamente contra tudo e contra todos na tentativa de ganho fácil.

Em contrapartida às vacas gordas, estas são as pragas do Egito trazidas pelo Código de Defesa do Consumidor e que nos trazem à lembrança Cícero, em "Catilinárias": "Até quando, Catilina, abusarás da nossa paciência? ... Até quando?"

Os três anos da cédula de crédito bancário

Valor Econômico, p. E2, 18 de setembro de 2007.

"Para quem tem de pagar na Páscoa, a quaresma é curta", diz a letra vigorosa de Machado de Assis em um trecho antológico do clássico realismo da obra "Dom Casmurro", donde se entrevê a miríade de escapadelas dos devedores que tentam, em terra brasilis, subverter a lógica que vincula direitos e deveres. A um triz do toque de Midas da chancela do "investment grade", o Brasil ainda dorme de olhos abertos para que os operadores dos mercados globais sejam lenientes com nosso cenário de excesso de recursos, procedimentos, prazos e instâncias judiciais que hipertrofiam os direitos dos devedores e fazem a alegria dos fígaros jurídicos, constituindo-se como aparato bastante generoso de rolagem das dívidas, inclusive do próprio poder público. Esta tábula rasa infelizmente está disseminada em todo o nosso enredado contexto social, o que faz com que as licenciosidades subam cada vez mais ao convés, mantendo-se cada vez menos nos porões das urbes e, consequentemente, cada vez mais nas barbas do capitão.

No entanto, mesmo diante destes paradoxos, o hálito da primavera de 2004 foi venturoso ao nos soprar a cédula de crédito bancário (CCB) por meio da Lei nº 10.931, deflagrando uma verdadeira revolução na dinâmica das atividades bancárias e financeiras e sedimentando um novo paradigma de segurança face à certeza e liquidez deste título de crédito cambiariforme, que fora erigido definitivamente à categoria de título executivo extrajudicial – tais como os previstos no artigo 585 do Código de Processo Civil – e que já havia sido delineado pelo Poder Executivo na medida Provisória nº 1.925, de 1999, e na Medida Provisória nº 2.160, de 2001, e, posteriormente, na Emenda Constitucional nº 32, também de 2001.

A edição da Súmula nº 233 pelo Superior Tribunal de Justiça (STJ) em 1999, asseverando que o contrato de abertura de crédito, ainda que acompanhado de extratos da conta-corrente, não era um título executivo, foi a centelha que suscitou o interesse dos agentes naquele entendimento sumulado a partir do posicionamento da segunda seção da corte nos embargos de divergência do Recurso Especial nº 148.290, do Rio Grande do Sul, uma vez que, diante desta interpretação, o sistema financeiro não mais dispunha de nenhum mecanismo hábil para instrumentalizar seus contratos de cheque especial. Assim, concebida a partir da confluência entre vários fatores econômicos e sociais sobrepostos, a cédula de crédito bancário veio ao encontro da necessidade premente e urgente de inovação no cenário nacional, sobretudo considerando que os financiamentos bancários se tornavam cada dia mais caros e restritos face à insegurança jurídica evidenciada nas decisões judiciais que relativizavam a validade e eficácia das obrigações contratuais. As instituições financeiras, de um modo geral, enfrentaram uma robustecida resistência de devedores contumazes, tomadores de crédito sob a bastante disseminada modalidade de cheque especial, ou mesmo por meio de contratos de abertura de crédito, que, sem retornar o valor do principal do capital emprestado e sequer a parte incontroversa de suas dívidas, enfunavam o peito sem rubores e procrastinavam as ações executivas sob o ardil da alegação de ausência de título executivo líquido, certo e exigível.

Nestes três anos de vigência da Lei nº 10.931, a cédula de crédito bancário, a par das já conhecidas cédulas de crédito rural, industrial, à exportação, comercial e de produto rural, consolidou-se como um título representativo de promessa de pagamento em dinheiro, que tem o condão de representar qualquer modalidade de operação bancária ativa, não circunscrevendo-se ao financiamento de atividades específicas e cujo tratamento normativo fora bastante mais acurado do que o dispensado às demais cédulas, eliminando as atecnias identificadas em cada uma delas. É bem verdade que aqui e acolá, vez por outra, alguns poucos ainda têm suscitado que a Lei nº 10.931, em razão de ter congregado em seu texto temários vários, teria subvertido o espírito do artigo 7º da Lei Complementar nº 95, de 1998, que trata da elaboração, redação, alteração e consolidação das leis. A massiva maioria dos que conhecem a matéria, no entanto, tem atentado para a recomendação do teólogo espanhol Baltasar Gracián, que já no século XVII, no seu "Oráculo Manual", asseverava que "o entendimento é bom, mas não a bacharelice".

Entre os pontos de excelência do título, destaca-se o permissivo a financiamentos para a utilização parcelada mediante conta vinculada à operação, podendo ser movimentada por cheques, ordens, cartas ou outros documentos, na forma e tempo expressos na própria cédula, que pode ser emitida com ou sem garantia real, sendo regulada subsidiariamente pelas normas de direito cambial, inclusive no que concerne ao aval, sendo dispensável o protesto cambial para assegurar o direito de regresso contra endossantes e avalistas.

Oxalá o galardão de "*investment grade*", coincidindo com os três anos de vigência da lei que notabilizou a cédula de crédito bancário, suscite a instituição de mais mecanismos com objetivo de aparelhar os credores e de, concomitantemente, combalir e derruir supostas lacunas jurídicas que, pendentes de integração na teoria de Karl Larenz, favoreçam a descompostura e insolência dos cultores do calote generalizado.

A Ciranda Editorial Alucinante das Medidas Provisórias

Valor Econômico, p. E2, 03 de fevereiro de 2006.

A este humilde cultor das letras jurídicas quer parecer que, desde o exsurgir do primeiro be-a-bá consubstanciado nas mais rudimentares cartilhas jurídicas, tem-se por Medidas Provisórias, como a própria análise de seu étimo denuncia, as providências de natureza transitória que têm por objeto a regulação temporária de fatos relevantes que, nos termos do que se depreende do art. 62 da Constituição Federal, reclamem acautelamento urgente.

Medida Provisória é, na lição da melhor doutrina, a norma editada pelo Presidente da República no exercício de competência constitucional que lhe é conferida. Tem força de lei e encontra-se no mesmo escalão hierárquico da lei ordinária. Por tratar-se de uma delegação de competência legislativa, tem caráter excepcional e sua edição, nos parâmetros estabelecidos pela Carta Magna, é condicionada a caso de relevância e urgência.

A exigência Constitucional de relevância e urgência denota que a utilização de Medida Provisória é uma atitude extremada, que deve ser levada a efeito em face de situações limítrofes, sobretudo diante do conectivo "e", que elucida a necessidade de cumulação das duas características. Ser relevante é medida de algo importante, de algo que, interagindo com o conceito de urgência, abruptamente irrompe os limites do razoável, promovendo o advento de um desfecho incontrolável.

Dessa forma, é imanente ao contexto editorial das Medidas provisórias que, se estas não forem editadas no fulgor da ocorrência dos fatos, ocorra uma crise sistêmica e institucional desencadeada pela inação legislativa do sacrossanto Poder Executivo. Inobstante o perfil das crises denote sempre relativa transitoriedade, no Brasil conseguimos o ineditismo de promover a consolidação da crise como algo estável, que não está sujeito, como deveria, a uma quebra de ordem para que haja o advento de uma nova ordem que supostamente trouxesse redenção aos tão sofridos brasileiros, párias concebidos promiscuamente no seio dos mais legítimos interesses nefastos.

Essa, a ideia de estabilidade da crise, parece ser a tácita exposição de motivos que inspira o Executivo a credenciar suas atribuições legislativas nas barbas do nosso malfadado Poder Legispassivo e, pior, que encontra apoio em quem, tal qual os donos da bola, auto intitulam-se democratas, mas seguem a procissão exaltando medidas autoritárias.

Supor que os requisitos de urgência e relevância são observados pelo governo na edição de MPs importaria admitir que o país vive em constante estado emergencial. Significaria reconhecer, por via reflexa, que a exceção aqui é o estado de normalidade. Chegando ao extremo, levar-nos-ia a concluir que, em pleno século XXI ainda vivemos à beira do estado de natureza, sugerido por Thomas Hobbes como o estágio de convivência social preexistente à vida em comunidade e caracterizado como um estado de desordem absoluta que acarreta uma permanente "guerra de todos contra todos", na expressão clássica do pai do Absolutismo em sua obra "Leviatã".

Seguindo a lógica hobbesiana, a superação desse estado de natureza já poderia ser considerada uma conquista inigualável, motivo pelo qual a vida em sociedade sob a égide de uma autoridade deveria ser preservada a qualquer custo. Parodiando Chico Buarque de Holanda, trocando em miúdos, sob o pretexto de não involuirmos, retrocedendo àquele suposto estágio de convivência pobre, grosseiro, animalizado e caótico, deveríamos aceitar como legítimo e obedecer sem discussão qualquer ato do governante, ainda que moralmente condenável ou manifestamente ilegal. Convenhamos, um completo absurdo num Estado Democrático de Direito.

Fernando Henrique Cardoso editou nada mais nada menos que 5.076 medidas provisórias em 2.190 dias no poder. Uma média superior a 2 MPs por dia. Ressalte-se que nesses 2.190 dias estão incluídos feriados e finais de semana, quando MPs não são editadas, pelo menos por enquanto. Olhando aquele velho Diploma de Bacharel em Direito, uma melancolia mórbida e até então inconfessada me faz sentir que os ventos lúgubres do fenômeno jurídico sopram hoje em direção ao desserviço da Justiça e aquela representação cartular, de há muito emoldurada, expressão dos ideais da Academia, que nos esmerava com o verdadeiro espírito das leis, agora traz consigo uma feição meramente folclórica e apenas caricata. O Direito instrumentalizado como mantenedor das mazelas governamentais, a serviço da mesquinhez e do ludíbrio, dos déspotas contemporâneos que incensam a própria imagem, dos que enfeitam a vida com buquês de impropérios, dos que cultuam os poderosos e preferem revestir-se incontestes da ideologia do consenso, não é o verdadeiro Direito.

A só intenção de editar a tão afamada MP do Apagão, nos esdrúxulos termos em que fora concebida, atentando contra a Ordem Jurídica estabelecida, concede uma panorâmica do apagão que ora incide não apenas na nossa vivenda quotidiana comezinha, mas sobretudo sobre os resquícios de racionalidade do Poder Executivo.

Para nós, súditos que vivemos sob a égide de uma falaciosa ditadura constitucional do Rei Sol Tupiniquim, resta apenas rezarmos para afastar as malquerenças, valermo-nos do oráculo e esperar, quiçá, um novo *fiat lux*... Rezemos todos!

O leilão do BEC e as decisões do Supremo

Valor Econômico, p. E2, 04 de novembro de 2005.

"Estamos todos num deserto: ninguém compreende ninguém", seria a assertiva de Flaubert para o bate-cabeças do Supremo Tribunal Federal (STF) que, por meio do voto do relator da Ação Direta de Inconstitucionalidade (Adin) nº 3.578, suspendeu o leilão do Banco do Estado do Ceará (BEC) com fundamento na Constituição, que prevê que as disponibilidades de caixa dos entes públicos sejam mantidas em bancos oficiais.

Diante da suspensão, o Banco Central (Bacen) eliminou a possibilidade de o banco vencedor manter as disponibilidades do Ceará, hoje mantidas pelo BEC em razão de ser ele o banco oficial do Estado, e marcou uma nova data para o leilão. O Supremo, no entanto, suspendeu-o novamente, pois no mesmo item do edital, que havia sido suspenso, também constava a possibilidade de o vencedor prestar serviços de folha de pagamento, que não caracteriza disponibilidade e, portanto, havia sido mantida no novo edital.

Se a primeira suspensão havia sido desarrazoada, a nova evidenciou um Judiciário litúrgico e muito cultor de formalidades sacrossantas. Parafraseando Machado de Assis em Dom Casmurro, "a confusão era geral", pois mais de 20 licitações já foram realizadas no país e, apenas após extirpados os lírios e orquídeas do BEC, foi que o Supremo autorizou o leilão da grama do seu jardim, que o Bacen sequer cogitou realizar.

É bem verdade que a Constituição determina que as disponibilidades dos entes públicos devem ser mantidas em bancos oficiais, mas esse próprio dispositivo constitucional ressalva a possibilidade de uma lei ordinária excetuar essa regra genérica. Nesse contexto o governo federal, augurando fomentar a privatização dos bancos estaduais que receberam benefícios para o seu saneamento, e ciente de que aos bancos privados não interessava o imobilizado desses bancos, criou a Medida Provisória nº 2.139, depois transformada na Medida Provisória nº 2.192, que auferiu força de lei após a Emenda Complementar nº 32/2001.

A Medida Provisória nº 2.192 é exatamente a ressalva que a própria Constituição estabeleceu como hábil a legitimar a manutenção das disponibilidades dos entes públicos em bancos privados até 2010. Não obstante, conquanto a eficácia da referida medida provisória tenha sido o anteparo da privatização de quase todos os bancos estaduais do país, o Supremo, prescindindo da razoabilidade de Chateaubriand que recomenda que não se deve ser mais realista que o rei, no julgamento do caso do BEC, suspendeu a eficácia da citada medida provisória, aquela mesma que emprestou juridicidade a mais de 20 processos licitatórios de bancos ao longo de mais de sete anos de desestatizações.

Se a primeira decisão de suspensão do leilão do BEC fora equivocada em razão da regularidade da aplicação da Medida Provisória nº 2.192, a segunda fora teratológica, pois confundiu o conceito de disponibilidades dos entes públicos com o de recursos para pagamento da folha dos seus servidores. A primeira decisão ignorou a medida provisória e acolheu o argumento de que as disponibilidades devem ser mantidas em bancos oficiais, ao passo em que a segunda suspendeu o leilão porque as disponibilidades e os serviços de folha de pagamento, que não caracteriza disponibilidade, estavam elencadas em um mesmo item do edital que fora suprimido por uma pena afoita que, na primeira decisão, não se dignou separar os objetos nele discriminados.

Ora, embora essa formalidade tenha suscitado alguma quezila, afirmar que os recursos para pagamento de pessoal não integram as disponibilidades dos entes públicos é alardear o óbvio ululante e, embora nesse caso tenha exarado decisão caolha, o Supremo também tem esse entendimento, o qual entrevê-se na decisão do ministro Carlos Velloso no Recurso Extraordinário nº 444.053-6 do Ministério Público de Minas Gerais, que contestava a manutenção da folha dos servidores de Cambuí em um banco privado.

Para decompor esse mosaico concebido por uma camarilha de sanguessugas do Estado que cultuam a velhacaria, basta examinarmos o parágrafo 3º do artigo 164 da Constituição, que estabelece que as disponibilidades da União serão depositadas no Bacen. Entre as atribuições do Bacen está o controle das operações e a regulação da entrada e saída de capital, a prevenção de crises sistêmicas e a repressão às sociedades com problemas na administração de recursos. Se interpretássemos que os recursos para pagamento de pessoal estão compreendidos no conceito de disponibilidades, estaríamos afirmando que o Bacen é o responsável pelo pagamento de todos os servidores federais, assertiva que não pode ser considerada mais que uma fantasia, uma zombaria.

Como a alma dos clérigos medievais, a consciência do intelectual moderno é um campo de batalha e, nesse sentido, os ministros do Supremo buscarão redimir-se desse desacerto para fazer as pazes com suas consciências, enfunando o peito e vociferando a todos que o Brasil é um Estado democrático de direito. Caso contrário, assistiremos a uma espécie de sinfonia dos adeuses, de Haydn, onde cada músico do capitalismo, ao terminar sua partitura comercial, apagará a vela que ilumina seu atril e irá embora até que fique só o violino dos conspiradores tocando a melodia final solitária e melancólica própria dos que sabem o preço de cada coisa mas não conhecem o valor de coisa alguma.

Às Vésperas dos 15 Anos do Código de Defesa do Consumidor

Revista Instituto Municipal de Ensino Superior de São Caetano do Sul, ano IV, 2005.

A Lei nº 8.078, de 1990, nominada como Código de Defesa do Consumidor, desde o seu advento tem por principal escopo a harmonização das relações coletivas mediante a regulamentação de seus lineamentos no âmbito de uma sociedade permeada por uma exacerbada massificação e consequente abstração e impessoalidade no processo de interação entre os atores sociais.

Forjada a partir de uma economia de mercado que se quer notadamente capitalista, mas que vem, pouco a pouco, vislumbrando a necessidade de atenuação do seu rigor a partir do exsurgimento de uma terceira via, até então sedimentada por um solidarismo social ainda tímido e cambiante, a lei de regulação do consumerismo pátrio anseia a possibilidade de amalgamar a normatização legalista a um fator de inclusão social[1], que constitua permissivo para que atores sociais, até

---

[1] José Eduardo Faria, *Democracia e Governabilidade: Os Direitos Humanos à luz da Globalização Econômica*, in *Direito e Globalização Econômica: Implicações e Perspectivas*, Malheiros Editores, 1996, p. 143 – "Se no plano político do mundo desenvolvido, ao longo dos últimos anos, aumentou o número de bens, valores, interesses e sujeitos aptos a serem tutelados pelo rótulo "direitos humanos", enfatizando-se as conquistas conhecidas como "pós-materiais" (como o controle do meio ambiente,

então economicamente marginalizados, possam palmilhar as veredas do consumo, consagrando, assim, efetivamente, o princípio da igualdade, não apenas formal, como corolário lógico da dignidade da pessoa humana.

Em uma palavra, é importante que se diga, que mesmo diante da problematização da aplicabilidade da Lei nº 8.078/90, instigada por alguns advogados, alguns até notáveis por seus malabarismos retóricos e passes literários, que invocam disposições do Código Civil e do Processo Civil a fim de, conscientemente, dissipar a natureza coletiva dos conflitos e inferir certa letargia ao andamento dos processos, por vezes tentando confundir e dissuadir a interpretação dos Tribunais acerca da legislação instrumentalizável, o que reverte em benefício de seus patrocinados, um exame meramente perfunctório da jurisprudência mostra que os magistrados têm, em sua maioria, absorvido a inteligibilidade desse diploma normativo, bem como a dimensão social e os derredores de sua incidência, conforme entendimento compartilhado, também,

---

a proteção dos interesses difusos, o reconhecimento das singularidades de certas minorias, a ampliação das ofertas de lazer, etc.), no plano social dos países latino-americanos o progressivo enfraquecimento do Estado nacional dificulta o reconhecimento dos direitos mínimos de amplos contingentes de suas respectivas sociedades. Nelas, o denominador comum continua sendo a) a pobreza absoluta (que atinge cerca de 31,5% da população global do continente); b) o desemprego disfarçado (ou seja, o subemprego, o emprego informal e a produtividade ociosa frente às possibilidades do aparelho produtivo existente, que, em 1990, atingia mais de um terço da população) e c) o baixo nível dos seus salários (medido em termos reais, na última década, o salário mínimo urbano caiu de 100.0 para 77.1, na Argentina; para 70.6, no Brasil; para 79.7, no Chile; para 50.7, no México; e para 68.6, na Venezuela)".

pelos afamados mestres Carlos Bentivegna e Rodolfo Machado Neto.

Muitos ainda resistem, pois há de se notar que os que lucraram com a política do caos e enriqueceram em meio às mazelas seculares são os mesmos que tornam mais íngreme e tortuoso o percurso do proletariado brasileiro rumo à justiça social. As leis que o país levou a efeito nesta década são o espectro de um povo que não mais referenda as benesses para alguns poucos, nem a resistência passional a medidas que garantem maior qualidade de vida a gerações futuras.

Alguns degraus dessa escada de Jacó ainda têm que ser transpostos, como o das lacunas históricas que inseriram o país num processo patológico, o da inércia do Estado que exilou cidadãos em sua própria terra e o do descaso que privou de assistência aqueles distantes do poder.

Na gênese da elaboração desta lei, pressões de empresas, por um lado, e de consumidores, por outro, indicavam as dificuldades, os dilemas e as dúvidas de "uma sociedade que tentava colocar um pé na civilidade, mas que se surpreendia com o outro teimando em se firmar no atraso", na feliz expressão do festejado Professor Apolo Sampaio. Ainda que os óbices não tenham sido por completo eliminados, esse abismo que separava os dois tempos do mesmo país começou a ser transposto, uma espécie de juízo final das práticas inescrupulosas, do comércio de propostas falsas e dos engodos que capturavam clientes incautos.

Entretanto, longa caminhada e um esforço hercúleo nos separa de um paradigma relativamente significativo de aplicação dessa lei que, dentro de um tímido padrão de razoabilidade, tem lançado suas sementes, compatibilizando os interesses de uma sociedade fragmentária de lindes tão segmentados.

Sob a esperança inspiradora de que um modelo econômico menos lastimoso e mais fraterno possa aqui deitar raízes e entre nós fazer morada, concebemos, humildemente, esses poucos traços e auguramos que, ainda que de forma modesta, possa esse trabalho contribuir para a humanização das relações econômicas e sociais.

Com a transfiguração de uma sociedade eminentemente subjetivista para uma sociedade que apresenta um tráfico mercantil massificado e progressivamente pujante, onde os atores sociais perdem o seu individualismo jurídico em face do advento da era da coletivização, o Código de Defesa do Consumidor vem em resposta aos apelos da sociedade civil, que era refém de procedimentos hostis acobertados pela estrutura abstrata e generalizante do Código Civil, que incapaz de dar uma resposta célere e condigna com as modernas expectativas sociais, invariavelmente fomentava a geométrica progressão dos conflitos e o consequente esgarçamento das células do tecido social, promovendo, assim, a auto-delação de sua operacionalidade perdida.

Nesses termos e, sob essa pretensão, a Lei nº 8.078/90, consubstancia a proteção da dignidade da pessoa humana, bem como de seus valores fundamentais correlatos e de seus desdobramentos consequenciais, bem como a redução das desigualdades materiais e culturais, que no limiar do terceiro milênio ainda constituem temática vexatória e não menos pecaminosa para a maioria dos países latinos.

A temática sobre a qual versa o Código de Defesa do Consumidor, da qual mais especificamente tratamos, consagra os aparatos processuais próprios para a tutela de interesses e direitos básicos imanentes ao conceito de cidadania que, sob interpretação sistêmica, permeiam todos os expedientes normativos por ela elencados, formando, assim, ainda que não tenha por pretensão a plenitude do direito escrito, um microssistema legislativo próprio da sociedade pluralista contemporânea, que congrega em si toda uma principiologia haurida no poder normativo da Constituição Federal de 1988, sobretudo nos arts. 5º, XXXII, 170, V e no art. 48 dos Atos das Disposições Constitucionais Transitórias.

Destarte, havemos que consignar palavra preliminar nessa singela abordagem acerca da Lei de Consumo, pois, em verdade, nossa maneira de tratar os problemas tem sido de todo analítica, ou seja, continuamos a extrapolar de modo linear os dados obtidos no passado, se bem que as evoluções a que estamos assistindo, que nos envolvem, não são lineares, são exponenciais, em constante mutação e aceleração.

Contemporaneamente, uma visão inédita do cosmo está surgindo dos trabalhos baseados na teoria do caos e da complexidade, de maneira que estabelecem permissivo para a aproximação entre os dois modos complementares de análise e ação: o método analítico e o método sistêmico.

Concebido sob a inspiração de René Descartes, em seu clássico *Discurso sobre o Método*, o método analítico estabelece as bases da aquisição de nossos conhecimentos por meio de um raciocínio rigoroso, demonstrando a importância do acesso à experimentação para verificação ou confirmação de hipóteses. O saber se fragmenta em multissaberes, um efetivo mosaico inserido em um contexto desunido, fazendo explodir a complexidade do universo em uma sucessão de disciplinas, como enseja Edgar Morin, "A inteligência parcelada, compartimentada, mecanicista, dissociativa, fraciona os problemas, separando o que está associado, o unidimensional em multidimensional" ou, como diziam os escolásticos, *Unum versus alea*.

O método sistêmico ou sistemático, sob os auspícios do qual trabalhamos, em contraponto ao analítico, recombina o todo a partir desses elementos dissociados pelo método analítico, ou seja, considera o conjunto de suas interdependências e de sua evolução histórica e temporal.

Sob a inspiração deste método, a junção de um aspecto coletivo-protetivo na Lei nº 8.078/90, de per si lhe outorga notória proeminência, pois colaciona em um mesmo dispositivo aspectos de suprema notoriedade no tocante à dignidade da pessoa humana.

Em que pesem as célebres palavras de Quevedo, em *Vida de Marco Bruto*, "Poucos sabem reconhecer entre as dádivas de Deus a brevidade da vida" ou, nas palavras do Marquês de Maricá, em suas *Máximas*, "A vida humana é uma intriga perene e os homens são recíproca e simultaneamente intrigados e intrigantes", a assertiva incontrastável dos tempos novos é o processo intermitente de uma suposta banalização do valor vida, que leva à uma pseudo-degradação da espiritualidade contida em cada ser humano, da qual deveria transbordar as relações litúrgicas e eucarísticas, fontes de luz que irradiam a energia que deve conduzir o pensar de cada criatura em busca da Consciência Cósmica Dinâmica, o Ômega Teilhardiano, a Origem de Tudo.

A temática da proteção coletiva envolve um sem-número de decomposições analíticas, sejam elas históricas, metodológicas, psicológicas, naturais, metafísicas, transcendentais ou outras tantas quanto a motivação da inteligência e a persecução humana em busca do inexplicado possam ensejar.

O condão preventivo e o repressivo-protetivo do Código de Defesa do Consumidor, emana de uma flagrante necessidade de adequação das práticas mercantis amplificadas, em compasso com a demanda de necessidades próprias de uma sociedade de consumo, instada a este consumo pelo assoberbamento da informação, que traz a lume necessidades inimaginadas, mas que de agora ao porvir se tornam terminantemente imprescindíveis ao bem-estar da coletividade, pois como dizia Érico Veríssimo, "O objetivo do consumidor não é o de possuir coisas, mas de consumir cada vez mais e mais, a fim de com isso compensar seu vácuo interior, sua passividade, sua solidão, seu tédio e sua ansiedade."

A sociedade, outrora permeada por conflitos inter-subjetivos passíveis de uma resposta satisfatoriamente eficaz pelo Código de Processo Civil, modernamente não mais se convalesce, nem se compadece, diante de um sistema jurisdicional infausto, incapaz de dissipar os embates coletivos e difusos oriundos do exercício naturalmente conflitivo da cidadania num contexto democrático, como outrora o jurista Ricardo Negrão já apregoava.

A proteção coletiva trazida pela lei consumerista expressa uma preocupação de efetivamente encampar um aparato coletivo de cunho defensivo, que de há muito é tratado pela doutrina, embora para a efetivação desta proteção não existisse instrumentos materiais e processuais adequados, afora algumas disposições como a Lei nº 4.717/65, da Ação Popular; a Lei nº 6.938/81, de proteção ao meio-ambiente; posteriormente, surgindo a Lei nº 7.347/85, da Ação Civil Pública, que constitui verdadeiro marco para defesa de Direitos transindividuais; a Lei nº 7.853/89, de proteção aos deficientes físicos; a Lei nº 7.913/89, de proteção aos investidores e, ainda, anterior ao Código de Defesa do Consumidor, a Lei nº 8.069/90, Estatuto da Criança e do Adolescente, afeitas a essa problemática do assoberbamento da complexidade das demandas diante do arcaísmo das estruturas normativas, que institucionalizavam os conflitos que, assim, se arrastavam por tempos e tempos na parafernália judicial, caracterizada ora pela morosidade operacional do excesso de expedientes recursais, ora pelo ostracismo pessoal de alguns que seguem incensando a própria imagem, o que, funestamente, ainda é uma chaga da qual padecem alguns setores do judiciário.

O tríplice aspecto protetivo contido na disposição normativa do art. 6º, I, do CDC, por exemplo, que ampara os consumidores em face de eventuais riscos provocados por práticas no fornecimento de produtos e serviços considerados perigosos ou nocivos à vida, saúde e segurança, corroboram uma eficácia que estabelece um invólucro imponderável em torno da incolumidade física e psíquica do consumidor ou do circunstante inserido no contexto da cadeia de consumo diante de procedimentos irregulares de fornecedores moralmente depauperados, aqueles que ainda tentam angariar a legitimação da qualidade de seus produtos e serviços muito mais por seu pretenso toque de Midas do que pela excelência e altivez de sua mercancia.

O Código de Defesa do Consumidor revela patente preocupação com os referidos valores ao preconizar, nos arts. 8º a 10, a vivificante exigência de que as informações sobre produtos e serviços tragam consigo dados precisos, adequados e ostensivos sobre sua nocividade e seus riscos inerentes, que são nominados pela melhor doutrina de periculosidade imanente, em contrapartida à periculosidade adquirida, visando, assim, que se opere um efeito preventivo que assegure a inatingibilidade e ponha a salvo a vida, a saúde e a segurança do consumidor, fomentando a transeficácia dos efeitos da legislação consumerista que estabelece, nos arts. 17 e 29, a figura ficcional do consumidor por equiparação, que também é encampado por essa sensatez acautelatória.

Outro ponto importante de atenção é o referente à educação do consumidor, pois o governo, em setembro de 95, iniciou uma campanha de conscientização do consumidor com a exibição de sete anúncios para TV e rádio, com duração de 30 segundos cada, além de propaganda impressa em jornais e revistas. A proposta era mostrar que se pode comprar pelo melhor preço e com maior qualidade o mesmo produto ou serviço.

Um dos filmes mostrava o que é possível comprar com apenas R$ 1,00, a fim de valorizar a moeda. Os outros seis deram ênfase aos serviços, comparando preços de serviços de dentistas, mecânicos e encanadores. Um orçamento é apresentado por vários profissionais, cujos preços variam em até 300%. O filme sempre provocava o consumidor: o preço é real ou é falso?

Segundo o então secretário de Comunicação da Presidência, Sérgio Amaral, a campanha ensejava mostrar a importância da pesquisa de preços e visava colocar o consumidor dentro da nova cultura de estabilização econômica.

Uma das contribuições pedagógicas mais notáveis do Plano Real foi ensinar à população, desde os tempos da URV, que um bom programa de estabilização é incompatível com a repugnante enganação histórica do controle de preços. Ao invés de assumir a utópica função de controlar os milhares de preços da economia brasileira, era proposta da nova moeda fomentar a competição entre empresários, destituir os cartéis e abrir a economia à produção e aos produtores estrangeiros.

O governo reconhecia que só um empresário concorrente consegue fazer outro empresário trilhar um caminho de certo respeito pelo consumidor, não abusando deste, seja pela elevação imotivada de preços, seja pela deterioração e consequente degradação da qualidade dos produtos.

O Plano escasseou-se e começou a bancarrotar quando as estatais começaram a exigir reajustes tarifários. Recomendava o bom alvitre que os mentores do Plano Real dessem-lhes uma banana, sobretudo porque nada deviam a monopólios públicos, cujos preços haviam sido convencionados em URV.

Como o setor vinha sendo preservado da concorrência externa, nadava a braçadas na ampliação de seus percentuais de lucro. O governo, demagogicamente, fingia interferir nos reajustes, desregrando os compromissos anteriormente assumidos e ressuscitando o simulacro do controle de preços.

Ao implantar o Plano Real, o Presidente proclamou que se tratava de uma transição cultural profunda. Isso foi verdade, até certo ponto. Cinco foram os avanços culturais: 1. o reconhecimento da estabilidade de preços como valor fundamental da economia; 2. o abandono de artimanhas de combate à inflação (monitoramento de preços e sequestro de ativos); 3. a identificação do déficit global do setor público como efetivo agente causador da inflação, ao invés do tradicional escapismo de angariar causas externas como a crise do petróleo, as custas internacionais ou o vampirismo das transnacionais; 4. o reconhecimento de que a dívida interna passou a ser muito mais opressiva que a externa; 5. a urgência da reformulação do Estado, que deveria tornar-se samaritano e regulador ao invés de empresário e interventor.

Conquanto a ideologia do Plano Real não tenha sido claramente explicitada, por falta de sinceros comunicadores na equipe econômica, pode-se inferir que ela se baseava na premissa da mudança no modelo desde há muito sedimentado. Estava esgotado o antigo modelo de industrialização substitutiva de importações, com feição autárquica e intenso dirigismo. Haveria que criar um novo modelo de economia aberta, orientada para o mercado e inserida num contexto de natureza globalizante.

Em linguagem pitoresca, poder-se-ia dizer que o antigo modelo se baseava na maligna tríade – inflação, proteção e desvalorização. Este haveria que ser substituído por uma tríade benigna, consubstanciada pela estabilização, abertura e reformas estruturais. Em suma, o modelo antigo era acomodatício, o novo seria reformista. Como dizia Paul Valéry: "*Si l'Etat est fort, il nous écrase. S'il est faible, nous périssons*".

A estabilização de preços foi conseguida antes do esperado e sem o trauma recessivo inicial, habitual nos programas desta espécie. Para tanto, foram usados cinco instrumentos: 1. âncora cambial; 2. desindexação; 3. política monetária de juros altos; 4. abertura para importações e; 5. um micro ajuste fiscal, que foi o nominado Fundo Social de Emergência.

A abertura para importações foi feita de maneira atabalhoada e, em virtude da sobrevalorização do Real, tornou-se punitiva para a indústria nacional. Mas, não obstante, surtiu os efeitos desejados em termos de criar uma cultura de respeito ao consumidor, enquanto a concorrência externa forçou aumentos de produtividade.

A ruptura definitiva do compromisso com a competitividade como forma suprema de defesa do interesse do consumidor veio com a volta do protecionismo. De repente, já não era tão mau que o brasileiro voltasse a pagar o triplo do que pagava o resto do mundo para possuir um carro alemão, comprar um brinquedo de Taiwan ou mesmo consumir um vinho italiano.

Desde então, naquele contexto, a volta à idade das trevas foi um fato.

A lei tabelando multas por atraso de pagamento era imoderada, para não dizer mentecapta. O Banco Central praticava os juros mais destrutivos da história, debilitando o Tesouro, os bancos e os varejistas.

Pode-se dizer que a inadimplência foi uma das maiores ameaças ao Real, pois a cada Proer consumia-se mais um pouco da capacidade de investimento do setor público.

Ninguém é obrigado a pagar multa por inadimplência, basta administrar seu orçamento com cautela. Neste sentido, a multa elevada é um alerta correto ao consumidor. Ao reduzir a multa no tapa, o governo barateou o calote, induzindo o consumidor à insolvência e agravando uma suposta crise bancária.

Mas, mesmo diante de todos os óbices havidos, um balanço mostra que o Código de Defesa do Consumidor impôs-se e provou a vitória da cidadania, referendando a assertiva de Unamuno, em *O Sentimento Trágico da Vida*, que preconizava: "A fé não é crer no que não vimos, mas é criar o que não vemos", denotando que o sonho tem que ser possível.

Com o Código de Defesa do Consumidor o sonho ao menos tornou-se menos abstrato, pois muitas boas coisas vieram. Nos supermercados, feiras e padarias ouve-se constantemente que isto e aquilo são abusivos; que há direito assegurado de arrependimento e consequente devolução do produto; que a oferta vincula e, desta forma, legitima a exigibilidade de seu cumprimento, ou seja, os direitos previstos pelo Código contagiaram a todos, indistintamente. É gratificante a constatação empírica dessa tomada de consciência coletiva em que donas-de-casa, profissionais autônomos e liberais em geral e, enfim, até os advogados mais céticos apreenderam as prerrogativas imediatas que esta legislação trouxe para a salvaguarda dos direitos da cidadania. Para elucidar o exaltamento, que perpassa esta situação, recordo trecho elucidativo de Eça de Queirós, em *A Correspondência de Fradique Mendes*: "A nação inteira se doutorou. Do norte ao sul, no Brasil, não há, não encontrei, senão doutores!" Esta é a miríade de noções positivas trazidas pelo Código nas vésperas dos 12 anos de vigência que, de alguma forma, juridicizaram o pensamento do povo brasileiro...

Financiamento e danos ao meio ambiente
Valor Econômico p. E 02, 18 de agosto de 2005.

A legislação ambiental brasileira, transposta para o maniqueísmo bíblico, pode ser caracterizada como um verdadeiro armagedon, cenário da luta profética entre o bem e o mal. Composta por um verdadeiro cipoal de normas federais, estaduais e municipais vigentes concomitantemente e sem prescindir da complementaridade dos decretos, resoluções e circulares, a legislação ambiental brasileira tem encalacrado os seus intérpretes em razão do seu surrealismo, sobretudo no que concerne à responsabilidade por danos causados ao meio ambiente.

Refugindo aos parâmetros científicos estabelecidos pela teoria quântica e pelas teorias do caos e da catástrofe, que apontavam a possibilidade de previsão dos comportamentos em larga escala, os legisladores brasileiros, em matéria de proteção ao meio ambiente, transcenderam em muito a razão e conceberam, com o martelo e o formão, um verdadeiro fundamentalismo verde tão doentio quanto a inquisição promovida pela Igreja Católica e o movimento xiita na religião muçulmana.

Exalando esse odor patológico do fundamentalismo, a responsabilidade por danos causados ao meio ambiente fora concebida como solidária, ou seja, responsabilidade na qual duas ou mais pessoas assumem igualmente as responsabilidades pelos danos provocados, independentemente do fato de uma delas ter concorrido diretamente e a outra de forma indireta ou circunstancial para a materialização do dano. Em outras palavras, o legislador brasileiro, totalmente despido do iluminismo de Voltaire e da razoabilidade de Theodor Adorno, sequer estabeleceu uma gradação, ainda por mínima que fosse, entre responsabilidade direta e responsabilidade indireta, sancionando tanto o efetivo causador do dano ambiental como também, por exemplo, um banco que tiver financiado um projeto do qual decorrer, em razão de culpa exclusiva da empresa financiada, dano ao meio ambiente.

Essa falta de coerência expressa na legislação ambiental do país é atentatória ao desenvolvimento sustentável. Isso porque, como no caso dos bancos, que são reconhecidos agentes motrizes do desenvolvimento, essa responsabilidade solidária somente tem o condão de inibir os financiamentos e, consequentemente, fazer com que muitas empresas perpetuem suas atividades lesivas ao meio ambiente, já que, escasseando-se os créditos, a adequação de seu contexto produtivo torna-se uma párvoa e esmaecida fantasia, um mero suspiro de ilusão.

Dispensar tratamento absolutamente igual a diferentes atores sociais que concorrem de forma totalmente diversa para a ocorrência do dano ambiental é, para dizer o mínimo, uma exuberância que caçoa do princípio da igualdade, já tão espoliado neste país que Eça de Queiroz via como um país de doutores. Sensíveis a esse descalabro contra o princípio da igualdade, muitos setores do Poder Judiciário já têm sobrelevado a responsabilidade subsidiária em detrimento da solidária. No entanto, sonegando esperanças aos tantos empresários que não podem prescindir dos financiamentos para adequar suas atividades, alguns promotores – poucos, é bem verdade – continuam nas fileiras do fundamentalismo, não reconhecendo que a responsabilidade das instituições financeiras tem que ser subsidiária a responsabilidade dos efetivos causadores dos danos ambientais e, olvidando do fato de que os próprios bancos conceberam recentemente os Princípios do Equador. Esses princípios são regramentos minuciosos que devem ser respeitados pelos bancos para a concessão de financiamentos socioambientais, reconhecendo e tentando prevenir e diminuir, ao máximo, todos os riscos, por exemplo, dos impactos que o uso dos combustíveis fósseis têm produzido sobre o meio ambiente terrestre; do uso de pesticidas que contaminam regiões agrícolas e interferem no metabolismo do cálcio das aves; da erosão do solo que está degradando de 20% a 35% das terras de cultivo de todo o mundo; da perda das terras virgens; do crescente problema mundial do abastecimento de água como consequência do esgotamento dos aquíferos subterrâneos; e da destruição da camada de ozônio que protege a biosfera dos raios ultravioletas, entre outros tantos riscos.

Dessa forma, face à magnitude da seriedade que permeia os Princípios do Equador, restam ainda mais evidenciadas as distorções da responsabilidade solidária entre empresas que tenham lesado o meio ambiente e instituições financeiras, tornando possível desnudar-se a ideologia da qual está revestida a nossa legislação ambiental e, sem surpresa, constatar seus desígnios em Owen, Marx, Engels, Lenin e Trotsky.

Assim, considerando que o fundamentalismo da responsabilidade solidária para esses casos está sendo paulatinamente superado no Poder Judiciário pela racionalidade da responsabilidade subsidiária, a partir de agora restarão aos fanáticos dissidentes apenas as crendices dos galhos de arruda, das ferraduras, das medalhas e fitas do Senhor do Bonfim. A eles cabe o conselho de Sofocleto: "Quando a gente se apaixona pensa em tudo, menos no que está pensando".

Descontos autorizados em folha de pagamento

Valor Econômico, p. E2, 02 de setembro de 2004.

No universo do fenômeno jurídico existe uma parêmia clássica que assevera: *Volenti non fit injuria*, ou seja, a quem consente não se faz injustiça. Desse preceito depreende-se que a manifestação volitiva expressa do agente, que exterioriza anuência sobre algo que lhe é disposto, suprime a possibilidade de que reste caracterizada injustiça na obrigação ou procedimento ao qual ele anuiu sem ter sido constrangido para tal e, ademais, sem que tenha havido cerceamento de informações sobre o que lhe fora disposto, ou mesmo evento imprevisível que tenha alterado substancialmente o sinalagma da contratação. Embora a lógica contida na assertiva acima colacionada seja de uma obviedade ululante, muitos têm tomado empréstimos das instituições financeiras, que lhes franqueiam juros abreviados em razão da anuência de que os valores das prestações concernentes aos empréstimos tomados sejam descontados em suas folhas de pagamentos, porém tentando obstar os descontos, augurando, mediante artifícios, romper a natural interdependência que deve existir entre direitos e obrigações, que é corolário lógico da manutenção da estabilidade das relações jurídicas e sociais. Como dizia o Marquês de Maricá, em suas máximas: "os velhacos pugnam muito por seus direitos, mas prescindem dos seus deveres".

Essa postura farisaica me traz à lembrança um provérbio russo, citado na epígrafe de "O inspetor geral de Gogol", que enfatiza: "não acuses o espelho; quem faz a careta és tu". Em outras palavras, nesses casos em que houve anuência aos descontos em folha de pagamento, nada do que fora convencionado se alterou, apenas a vontade do agente que, já tendo usufruído os cômodos (créditos), tenta ardilosamente eximir-se dos incômodos (descontos em folha).

O fato é que essa modalidade de empréstimo, nominada como "empréstimo consignado", tem demonstrado bastante eficácia para reduzir as taxas de juros e o spread bancário e, nesse mister, todos concordam que esse é um dos caminhos que deve continuar a ser palmilhado para que a possibilidade de acesso ao crédito seja mais dilargada e, para que o seu custo seja mais aprazível.

Entrementes, mais fastidiosa do que a tentativa desses muitos de legitimar seu desiderato de enriquecimento indevido por meio de calote aos bancos, fora o conteúdo do voto, ainda não publicado, de um ministro do Superior Tribunal de Justiça (STJ) que, quiçá não ocorra, se confirmado tal como informado pelo pasquineiro que o divulgou antes da publicação, possibilitará, àquele que anuiu ao desconto, obstá-lo, criando um precedente que poderá culminar com um ralo pelo qual se esvairão bilhões de reais dos bancos, que escoarão juntamente com a ainda tímida credibilidade que o Governo Federal, enfunando o peito, tem, a todo custo, tentado disseminar em terras de além-mar.

Para que se tenha ideia da gravidade da notícia veiculada, a partir dela alguns bancos imediatamente truncaram essas operações e interromperam esses empréstimos, havendo quem já especule a iminência da edição de uma Medida Provisória para regular esse temário. Sobre o teor do voto ainda não publicado, é relevante dizer que, se verídica a notícia, ele é antagônico a todas as decisões exaradas até o presente e, que suas razões são tão compreensíveis quanto as parafernálias projetadas por Paracelso para a produção do ouro alquímico no século XVI.

Oxalá o jornalista que divulgou essa suposta exuberância contida em voto ainda não publicado tenha, por uma párvoa e esmaecida fantasia, se imaginado na medieval e bucólica Sherwood do personagem Robin Hood, pois no Brasil, que precisa de credibilidade institucional para atrair investimentos para fomentar a produção e ampliar o mercado de trabalho, não há mais espaço para decisões judiciais que carregam consigo descomedimentos e zombarias, pois, parafraseando Chico Buarque: "a coisa aqui tá preta".

O Art. 957 do novo Código Civil e os fundos de investimento: Justiça retórica, responsabilidade forjada

Revista Panorama da Justiça, v. VI, p. 46-47, 2003.

O dramaturgo Metastásio, já no séc. XVIII, no Ato II do grande épico "*Écio*", entrevera que: "*Niega agli affitti aita, chi dubbiosa la porge*", ou seja, "Nega ajuda aos aflitos, quem a oferece duvidosa". O novo Código Civil, embora tenha sido concebido por artífices de induvidosa técnica jurídica, desdenhou da afamada assertiva preconizada pelo dramaturgo italiano, pois positivou na novel consolidação da legislação civilística pátria, sem rastro algum de precisão, um arremedo de responsabilidade objetiva que, se por um lado pousa de garante da inviolabilidade dos direitos de alguns, por outro potencializa as temeridades que alguns inquisidores judiciais cometerão em nome do suposto sacrossanto instituto. Ademais, se por um lado muitos asseveram, retomando a vetusta polêmica ocorrida na Alemanha, nos estertores do séc. XVIII, entre Savigny e Thibaut, da necessidade de que a legislação contemporânea seja concebida com técnica legislativa de tipos mais abertos, cujos lindes não se tornem uma camisa de força para o intérprete; por outro, a entrega de Autos de Fé, em branco, para que alguns Visitadores do Santo Ofício os interpretem sem nuanças ou parâmetros pré-concebidos, quer nos parecer, nessa nossa quadra de desenvolvimento do fenômeno jurídico, um verdadeiro sacrilégio.

A discussão sobre essa temática toma foros de relevo em razão da disposição normativa que está contida no parágrafo único, do artigo 927 do novo Código Civil brasileiro que, objeto até então de persecuções exegéticas meramente perfunctórias, tem se consolidado entre os profissionais do direito como "*vexata quaestio*".

A imputação de responsabilidade objetiva fundada na teoria do risco da atividade negocial, sobretudo se considerados os negócios jurídicos que se aperfeiçoam sob a égide do Código Civil, somente pode ser plausível se um dos contraentes desconhece a álea imanente ao negócio, ou seja, se um dos contratantes é, sem ciência, induzido a prática de determinado negócio jurídico cujo risco lhe é inerente, hipótese em que, diante do desconhecimento do fator de indeterminação havido e, considerada eventual perda suportada, este contratante estará legitimado ao pleito indenizatório. Em outras palavras, quão maior for o número de informações franqueadas ao aderente, menor será a possibilidade de que sua alegação de desconhecimento seja acolhida pelos tribunais.

Dessemelhante é a hipótese da prática de negócios jurídicos aleatórios em que ambos os contratantes têm ciência inequívoca e ostensiva dos sobressaltos a que a contratação está sujeita e, ainda assim, contratam. Nesses casos, o negócio, além de ter sobre si a incidência da aleatoriedade, tem, também, a anuência expressa dos aderentes, como é típico, por exemplo, na formalização dos contratos de fundos de investimentos. Nessa citada espécie de liame contratual, não pode o aderente, cuja ciência é, sempre e sempre, integral acerca das possíveis oscilações dos índices de remuneração do capital, alegar a perda ocorrida e, ato contínuo, pleitear indenização contra o administrador ou mantenedor do fundo sob as vestes da responsabilidade objetiva derivada do risco da atividade negocial desenvolvida. Ora, a possibilidade de imputar-se responsabilidade sem culpa, fundada meramente no nexo causal, deve estar circunscrita aos limites restritos dos contratantes, nesses casos sempre aderentes, para os quais a informação acerca dos riscos fora cerceada ou simplesmente suprimida; lição basilar que fora propagada com veemência e maestria pela genialidade do saudoso Professor Agostinho Neves de Arruda Alvim em suas mais de três décadas de cátedra.

Outrossim, é relevante destacar-se que, ciente o aderente da álea que culmina com a impossibilidade de determinação da gradação do êxito ou da frustração que ele haverá de auferir em determinada contratação, por exemplo, dos referidos fundos de investimentos, ele pode portar-se de maneira mais conservadora e, nesses termos, refutar os riscos acima declinados e aderir a contrato comutativo cujo risco é, em regra, nenhum.

Dessa forma, é de verificar-se que o parágrafo único, do artigo 927 do novo Código Civil, tal como concebido, demanda reflexão mais percuciente para que haja aplicação da melhor hermenêutica, a fim, quiçá, de que Louis Josserand e Raymond Saleilles, juristas franceses que palmilharam as primígenas veredas e lançaram os primeiros traços sobre a teoria da responsabilidade objetiva, não convulsionem em suas lápides devido ao exagero desproposital que ora se lha quer emprestar.

O tema, em verdade, não é em essência controverso, mas apenas controvertido pelos que sabem o preço de cada coisa, mas desconhecem o valor de coisa alguma; cultuam, como idólatras, a alta rentabilidade de seu capital investido, mas tornam-se heréges quando a sua sanha de lucratividade não é completamente saciada; promovem completa cisão entre direitos e obrigações, julgando-se, invariavelmente, senhores dos direitos, porém apartados das obrigações correlatas àqueles. Nesse mister, ainda no séc. XIX, o sociólogo Auguste Comte, em seu clássico "Sistema de Política Positiva", epigramatizava: "Ninguém possui outro direito senão o de sempre cumprir o seu dever", denotando a correlação que necessariamente existe entre estes e aqueles como expressão de cidadania no contexto de um Estado democrático de direito. Perfilhando o mesmo pensamento que Comte, no entanto com reflexão revestida de palavras outras, o Marquês de Maricá, em suas "Máximas", também antevia a mesma ruptura da insofismável relação entre direitos e deveres, quando afirmou: "Os velhacos pugnam muito por seus direitos, mas prescindem dos seus deveres".

À propósito, a questão dos fundos de investimentos me é, neste momento, especialmente palpitante em virtude de, em um qualquer dia desses, numa dessas infindas filas de caixas de supermercados, eu ter sido surpreendido pela grata surpresa de encontrar um desses amigos que são embaralhados pelo jogo da vida e somem do nosso convívio, mas que não são subtraídos do nosso carinho. Superados os cumprimentos e as questões de praxe, esse amigo, causídico experimentado nos embates da vida civil e nas questões de mercado de capitais, falou das piruetas e malabarismos literários de que estão se valendo alguns advogados para interpretar o parágrafo único, do art. 927 como cláusula geral assecuratória de perdas suportadas por clientes de bancos em razão de investimentos em fundos. Daí asseverarmos que a questão dos fundos de investimento, da qual tratamos acima apenas circunstancialmente, é das mais relevantes sob o prisma da inteligência do novo Código Civil e, mormente, nos termos do que está previsto no lacunoso parágrafo único do seu art. 927.

O que subtrai e extirpa terminantemente qualquer resquício de possibilidade de que os fundos estejam sob o efeito regulatório do parágrafo único do art. 927 é que, apesar de a atividade desenvolvida pelos administradores de fundos de investimentos ser atividade normalmente de risco, os riscos são manifestos e os investidores subscrevem termos de responsabilidade, no qual manifestam ciência irrestrita das possibilidades de perda de capital e, ainda, de eventual necessidade de aporte de capital em casos extremos de perda, que podem acontecer.

Ademais, havemos que ressaltar que a atividade dos administradores de fundos de investimento, ela própria, é atividade de risco, porém não representa risco para os direitos de ninguém, pois o cliente, que era proprietário do valor que será investido, ao promover, conscientemente, o investimento caracterizado pela álea perde o direito e conserva, apenas, uma expectativa de direito sobre o *"quantum"* que lhe será atribuído quando do resgate da aplicação realizada em caso de o saldo ser positivo e, se for negativo, do aporte de capital que haverá de fazer para quitar sua obrigação.

O administrador não é responsável pelas perdas se o grau de risco estiver expressamente contido no compromisso firmado no regulamento do fundo e formalizado nas suas cláusulas gerais. O administrador se torna responsável pelas perdas apenas nos casos específicos em que restar comprovado que promoveu operação cuja realização não estava de antemão prevista e, ainda, se o risco da aplicação tiver sido majorado devido a essa operação. Ademais, a responsabilidade do administrador pode, também, configurar-se se este não seguir as normas de "*compliance*" a que está adstrito. Por estas normas, cabe ao administrador providenciar mecanismos internos de monitoramento dos procedimentos, para possibilitar a constatação de que estão sendo cumpridas a legislação, o regulamento e a atividade de administração dentro dos padrões legais e éticos.

O sopesamento dessa responsabilidade dos administradores e de sua gradação será, portanto, realizado, sempre, com fundamento na responsabilidade clássica, que é de gênero e natureza subjetivos, fundada nas espécies culposas da negligência, imprudência e imperícia.

Constata-se, portanto, que mesmo diante de um esforço interpretativo hercúleo e, ainda que respeitados os parâmetros de argumentação arquitetados por alguns causídicos, que a aplicação da responsabilidade objetiva fulcrada na teoria do risco, que consta expressamente do parágrafo único, do art. 927 desse nosso novo Código Civil, não pode ser transplantada por meio do "jeitinho" para que os fundos de investimento sejam esquartejados e, com eles, toda a matriz organizacional política e econômica do Estado reste sucateada.

Considerando que as aplicações em fundos de investimento são efetuadas por meio de contratos formais e escritos cujo risco é explícito e assumido pelos aderentes, fazemos coro a Amós, o profeta pastor de ovelhas de Técua, que no capítulo 3 de seu livro na Vulgata, no séc. VIII a. C., já indagava: "Andarão dois juntos, se não houver entre eles acordo?"...

Tentar estender a aplicação da responsabilidade objetiva aos fundos de investimento é, no mínimo, uma exuberância, para não dizer uma caricatura, um dramalhão mexicano... "*Alea jacta est*" – A sorte está lançada...

A Função Social do Contrato no Novo Código Civil

Revista do Centro de Estudos Jurídicos do Conselho da Justiça Federal, dezembro de 2002.

Anatole France, escritor francês laureado com o Prêmio Nobel em 1921, em sua *"Crainquebille"*, publicada ainda no séc. XIX, tempo em que a justiça era eminentemente retributiva, asseverava: "O dever do justo é garantir a cada um o que lhe cabe, ao rico a sua riqueza e ao pobre a sua pobreza". Essa visão doutrora, sobretudo com o advento da busca de uma terceira via que relativize os lindes estreitos do capitalismo sem necessariamente sedimentar o socialismo propriamente dito, fora relativizada em prol do que se convencionou chamar "função social".

A função social, que significa a prevalência do interesse público sobre o privado, bem como a magnitude do proveito coletivo em detrimento do meramente individual, é fenômeno massivo que, modernamente, inspira todo o nosso ordenamento jurídico, rompendo com o padrão retributivo contido no brocardo *"suum cuique tribuere"* – "dar a cada um o seu", e tentando fundar as bases de uma justiça de natureza mais distributiva, nos termos concebidos por Hegel, promovendo a inclusão social dos excluídos e, nesse mister, diligenciando para cumprimento de um dos objetivos fundamentais da

República Federativa do Brasil, que é erradicar a pobreza e a marginalização e reduzir as desigualdades sociais e regionais.

A Constituição Federal de 1988, que disseminou em nossa vivenda uma categoria de direitos extrapatrimoniais, trouxe expressamente relativizações que, de há muito, haviam sido, embora timidamente e sem a contundência constitucional, tratadas, senão pela legislação ordinária, pela jurisprudência.

A "função social da propriedade" contida na Constituição, por exemplo, rompeu com as amarras do romanismo clássico, cuja parêmia afirmava o direito de propriedade como "(...) *usque at inferos et usque at coellum*", ou seja, "(...) das profundezas do inferno até o céu". Em outras palavras, a impossibilidade de limitação do direito individual do proprietário, à partir da função social, fora cerceada em razão dos direitos difusos e coletivos, que se exteriorizam nas limitações advindas dos direitos de vizinhança, do direito urbanístico e, ainda, do direito ambiental, expressão dos chamados "direitos de terceira geração", cujas características são a solidariedade e fraternidade sociais.

Sob a inspiração dessa terceira geração de direitos, a função social também incidiu sobre a família, suprimindo de seus institutos a "*aurea mediocritas*" daqueles que sabem o preço de cada coisa, mas desconhecem o valor de coisa alguma. Modernamente, o interesse superior do menor é correntemente invocado, criticando-se sobremaneira a hipocrisia das leis do século anterior que, no afã de proteger a família, outrora nominada como "legítima", sufocavam a verdade biológica da filiação e desestabilizavam as relações sociais, visão que, arquitetada na experiência da cátedra, é compartilhada com os festejados Professores Carlos Bentivegna e Rodolfo Machado Neto.

Nesse mesmo sentido, a solidariedade e a fraternidade, potencializadas pela função social, extirparam do âmbito da família o preconceito e a discriminação de que padeciam as relações concubinárias, procurando enfocar a noção de casal que está, gradativamente, sobrepondo-se à de cônjuges, que é insuficiente para abarcar todas as entidades familiares. Virgílio de Sá Pereira, em sua obra "Direito de Família", desde há muito atento para o perfil abrangente das relações familiares, que não podiam restar encalacradas no âmbito restrito do casamento, afirmava: "(...) a família é um fato natural, o casamento é uma convenção social. A convenção é estreita para o fato, e este então se produz fora da convenção. O homem quer obedecer ao legislador, mas não pode desobedecer a natureza, e por toda a parte ele constitui a família, dentro da lei, se é possível, fora da lei, se é necessário".

Assim, expandindo esses parâmetros é que as odiosas indenizações, que ocorriam quando da ruptura das relações concubinárias, fundadas no "*pretium carnis*", ou seja, indenizações pelos serviços sexuais prestados pelas concubinas a seus parceiros, foram suprimidas e, a dignidade desses relacionamentos fora restabelecida, independentemente da formalidade do seu nascedouro no sacramento matrimonial ou na conveniência do ato informal da união.

A função social da família foi, portanto, exteriorizada por meio do reconhecimento constitucional do concubinato, ora nominado como "união estável" e, também, por meio da supressão da terminologia "legítimos" e "ilegítimos" para designar os filhos nascidos ou não de famílias matrimoniais, resgatando, dessa forma, a dignidade da pessoa humana, que consta na tábua axiológica da Constituição Federal como fundamento que deve permear todo o nosso ordenamento. Os próximos passos nessas veredas percorridas pela função social da família haverão de ser o reconhecimento da entidade familiar homossexual, bem como a possibilidade de adoção por casais homossexuais, realidades sociais que pugnam pelo acesso à legalidade como forma de dignificar, sob às luzes da lei, os que jamais foram menos dignos devido a sua orientação sexual minoritária.

Desta feita, é de verificar-se que a função social incide sobre toda a fenomenologia jurídica, encontrando morada, também, nas relações contratuais. O novo Código Civil, atento a esta miríade trazida pelos direitos de terceira geração, previu, em seu art. 421, que a liberdade de contratar será exercida em razão e nos limites da função social do contrato, afastando, dessa forma, o individualismo jurídico arquitetado por Clóvis Bevilaqua que, nesse sentido, fora inspirado pelo Código Civil francês e, naturalmente, pelos ideais revolucionários que influenciaram sobejamente a gênese dessa lei.

A função social do contrato exprime a necessária harmonização dos interesses privativos dos contraentes com os interesses de toda a coletividade, em outras palavras, a compatibilização do princípio da liberdade com o da igualdade, vez que para o liberal o fim principal é a expansão da personalidade individual e, para o igualitário, o fim principal é o desenvolvimento da comunidade em seu conjunto, mesmo que ao custo de diminuir a esfera de liberdade dos singulares. A única forma de igualdade, que é compatível com a liberdade tal como compreendida pela doutrina liberal, é a igualdade na liberdade, que tem como corolário a ideia de que cada um deve gozar de tanta liberdade quanto compatível com a liberdade dos outros ou, como apregoava, antevendo essa dificuldade de compatibilização, o aristocrata francês Charles-Louis de Secondat, conhecido como Barão de La Brède e de Montesquieu, em seu clássico "O espírito das leis": "A liberdade é o direito de fazer tudo o que as leis permitem".

A instituição da função social dos contratos, portanto, findou a celeuma, muito mais terminológica do que propriamente doutrinária, acerca das dessemelhanças entre liberdade contratual e liberdade de contratar, vez que a liberdade contratual, que equivale a função social do contrato, é limitada objetivamente pela ordem pública e pela maior valia dos direitos e interesses coletivos sobre os eminentemente individuais e, a liberdade de contratar é a prerrogativa subjetiva, que cada contratante possui, de arbitrar sobre a viabilidade ou não de formalizar determinada contratação.

Entrementes, outras características, também substanciais, enaltecem o perfil da função social preconizada pelo novo Código. Os princípios da probidade e da boa-fé, por exemplo, integram o mosaico de características subjetivas que visam desmistificar as proposições dos contraentes, superdimensionando objetivamente as suas responsabilidades que, em prol de uma efetiva função social, não mais estão restritas ao aperfeiçoamento do contrato, mas estão presentes desde as tratativas até a garantia e assistência "*post factum finitum*" do que fora contratado.

Destarte, há, ainda, elementos que, embora correlatos a função social dos contratos e outrora já existentes, não estavam previstos expressamente pela legislação, o que restringia demasiadamente a sua instrumentalização. Entre esses elementos, que podem se dizer tanto correlatos como reflexos da função social dos contratos, destaca-se o princípio da interpretação "*contra proferentem*", que ora está positivado na disposição normativa contida no art. 423 do nosso novo Código Civil que, palmilhando as veredas do melhor direito, consignou expressamente a interpretação das cláusulas ambíguas ou contraditórias contra o conceptor do contrato de adesão e, que na disposição seguinte dessa novel legislação sepulcrou, sob o efeito da nulidade absoluta, todas as cláusulas que, integrantes de contratos de adesão, estipulem renúncia antecipada de direitos por parte do aderente.

Desses parcos traços depreende-se que a função social dos contratos, trazida expressamente pelo novo Código Civil Brasileiro, tem finalidade precípua de, mediante humanização das relações econômicas e sociais, envidar esforços para a implementação de uma fraternidade e solidariedade sociais mais ostensivas e, dessa forma, abrir ensanchas para a inserção, não merante formal, mas real da nossa sociedade na geração de direitos nominados como de terceira geração.

Assim, não obstante a conservação no Diploma Civil da inteligência do excelso Clóvis, que foi um artista superior e, ainda, o implemento, conforme acima elucidado, de modificações pontuais, alguns muitos seguem a agulhar, de maneira descomedida e com certa atecnia, o novo Código Civil, o que nos traz à lembrança a "Correspondência", de Flaubert, que entrevendo as mazelas da vaidade no espírito humano, enfatizou: "Faz-se crítica quando não se pode fazer arte, como quem se torna delator quando não pode ser soldado"...

A novela da variação cambial nos contratos de leasing – Últimos capítulos...

Revista de Jurisprudência ADCOAS, ano V, 2002.

Não obstante a Teoria de Ptolomeu tenha sido desde há muito refutada por Galileu e Copérnico, alguns ainda anseiam um novo Big-Bang que afaste o resplendor solar e os coloque, nem que sob um holofote menos nobre, no centro do Universo.

Os direitos de terceira geração, que enaltecem a prevalência do público sobre o privado, do coletivo sobre o individual e, que têm o propósito de estabelecer morada de uma justiça menos retributiva e mais distributiva entre nós, têm sobre si agora a hermenêutica dos incontáveis Midas consumeristas que, providencialmente, desfilam seu pretenso toque, tentando subverter a Ordem Jurídica estabelecida.

Estes juristas, sabedores de que a ideia de "*caritas*" na linguagem judaico-cristã significa solidariedade, mas também pode expressar a caridade, palmilham este último entendimento e, como Robin Hoods subtraídos do faz-de-conta, incitam a propagação da irresponsabilidade dos consumidores e fomentam o calote generalizado, ou melhor, o calote que eles julgam legalizado pelo efeito demasiadamente protetivo do Diploma Consumerista.

De relevo, sob o enfoque desta apreciação e, sobretudo diante de a questão estar sendo submetida ao arbítrio dos Tribunais Superiores, é colacionarmos o não tão problemático, mas problematizado contexto do episódio da desvalorização havida, ainda nos primeiros raios do ano da graça de 1999, do Real diante do Dólar, que motivou uma tresloucada corrida ao Judiciário que, repentinamente, restou atopetado de ações com pedido revisional de contratos de arrendamento mercantil firmados com cláusula de equivalência cambial.

A solução adotada pela maioria dos Juízos monocráticos que julgou as ações revisionais como total ou parcialmente procedentes, muitos dos quais inspirados em demonstrar a latência de seus conhecimentos da legislação consumerista aos Órgãos Colegiados ou, em certa medida, exorcizar o suposto vampirismo argentário das Instituições econômicas do país, foi a substituição da outrora nominada indexação cambial pela correção monetária baseada no INPC.

Sob alegação sofismática de que a brusca oscilação da taxa de câmbio, decorrente da mudança da política cambial do governo federal, aquele mesmo que veiculava publicidade massiva de que um Dólar era equivalente a um Real, tornou os contratos demasiadamente onerosos, os arrendatários pleitearam a anulação da cláusula dos contratos de arrendamento mercantil em que havia previsão de que a prestação devida pelo consumidor seria calculada pela equivalência em moeda estrangeira, segundo a taxa oficial de câmbio do dia do pagamento das respectivas parcelas do contrato de execução diferida.

O fundamento legal exibido pelos advogados dos arrendatários, expressão de quem usa a interpretação da legislação como uma agulha que segue a bordar no ritmo das imperfeições estruturais de sua formação acadêmica, na colossal quantidade de revisionais ajuizadas por arrendatários contra as financeiras pelo Brasil afora foi, assim, a conhecida teoria da onerosidade excessiva, prevista no inciso V, do art. 6º, do Código de Defesa do Consumidor. A referida disposição normativa estatui o direito básico do consumidor à "modificação das cláusulas contratuais que estabeleçam prestações desproporcionais ou sua revisão em razão de fatos supervenientes que as tornem excessivamente onerosas".

As chamadas operações de arrendamento mercantil, também denominadas leasing, ficaram, por força do que dispôs a Lei nº 6.099/74, sob a égide dos normativos expedidos pelo Conselho Monetário Nacional – CMN. O CMN, ao dispor sobre a matéria, inspirado pelas disposições do Decreto-Lei nº 857/69, previu quatro formas de cálculo das prestações dos contratos de leasing, quais sejam: 1. a contratação de valores pré-fixados em moeda nacional; 2. a indexação baseada na TR; 3. a indexação com base na TBF; 4. a equivalência em moeda estrangeira. Tendo previsto quatro modalidades de contratação no âmbito do arrendamento mercantil, a referida normatização promulgada pelo CMN salvaguardou a possibilidade de os consumidores exercerem suas prerrogativas de escolha, potencializando suas convicções de firmar tal ou qual modalidade contratual, segundo suas expectativas legítimas decorrentes de suas ponderações sobre a viabilidade da comutatividade ou do risco.

Assim, tiveram, sempre, os consumidores arrendatários sua liberdade de contratar incólume, mormente devido a informação ostensiva que sedimentava as bases de cada espécie de arrendamento, enaltecendo a certeza da convenção da pré-fixação dos juros e, "*pari passu*", da incerteza e, portanto, do risco da pós-fixação condicionada à variação cambial, o que, ao mesmo tempo em que poderia minorar sobejamente o valor das prestações, poderia, também, sofrer os influxos de um mercado sempre sujeito a oscilações sistêmicas, havendo a possibilidade de sensível majoração do valor das parcelas, sobretudo após o advento da globalização. A liquidação do contrato de execução diferida pelo pagamento do equivalente em moeda estrangeira foi, portanto, uma opção do consumidor arrendatário que, consciente do risco manifesto da contratação firmada, não pode alegar imposição ou cerceamento de informações por parte das financeiras arrendadoras, ademais, porque, em verdade, essa impostura jamais existiu.

É bem verdade que grande parte dos consumidores que firmaram contratos de arrendamento mercantil com cláusula de paridade cambial fora ludibriada pela publicidade institucional que concebera o Real como padrão monetário inquebrantável, fomentando o consumo até então acanhado daqueles que não tinham acesso a um bom vinho francês, um carro alemão ou um eletro-eletrônico japonês, vez que a população deste país, massivamente considerada, não podia pagar duas ou até três vezes o que pagava o resto do mundo para consumir tais produtos. Todavia, não obstante o aliciamento governamental de finalidade eleiçoeira, que seduziu as mentes nacionais menos propensas ao ceticismo, o consumidor sedimentou suas convicções, seu arbítrio em preterir modalidade de contratação comutativa em prol de contrato eminentemente de risco, no qual, evidentemente, o risco cambial era elemento ínsito e manifesto.

Ademais, todos os espíritos jurídicos mais afetos ao estudo e à meditação, com quem este humilde pracinha partilha as trincheiras do fenômeno jurídico, têm interpretação contundente e, nesse mister, uníssona: imputar responsabilidade às Instituições que tomaram empréstimos externos, promovendo, integral e arbitrariamente, a responsabilidade de estas suportarem o ônus decorrente da variação da taxa de câmbio, é desestabilizar as relações jurídicas e, ato contínuo, desestabilizar as relações sociais, causando a ruptura da matriz organizacional do Estado e, sob esta ótica, promulgando a anomia, que é a ausência de regras, normas ou padrões de regulação social, que atua em um contexto desunido, no qual a ideia clássica de crise é rompida, pois diante da instabilidade disseminada, a crise passa a ser estável e, a incerteza passa a ser dogma vivencial dos jurisdicionados dessa terra de ninguém. Afinal, mesmo diante de um exame meramente perfunctório, não parece lógico que uma parte contratante assuma conscientemente o risco imanente a determinada modalidade contratual e, que à outra seja dado suportar o gravame derivado do risco pré-existente.

A possibilidade de revisão contratual fundada na aplicabilidade da teoria da onerosidade excessiva ao caso concreto tem como fundamento a salvaguarda de dois princípios basilares do contratualismo moderno: 1. a preservação do equilíbrio econômico entre as partes contratantes, expressão mais dilargada do vetusto sinalagma contratual; 2. a vedação ao enriquecimento sem causa, que é assertiva principiológica do Direito.

Como dito anteriormente, a onerosidade excessiva como fundamento para a revisão de cláusula contratual pressupõe a ocorrência de uma situação de manifesto desequilíbrio entre as partes contratantes, que possibilita o locupletamento de uma das partes às custas da outra. Não é, à evidência de todo o contexto fático que delineia esses casos, o que ora se nos apresenta.

Havemos que salientar que a prestação calculada com base na equivalência em moeda estrangeira somente é possível nos casos em que a arrendadora comprova a captação de recursos no exterior, o que, invariavelmente, tem sido comprovado mediante apresentação de provas documentais pelas Instituições perante todos os Tribunais deste país.

Assim, verifica-se que nesses contratos de arrendamento mercantil, viabilizados pela captação de recursos externos, as arrendadoras não aferiram nenhum ganho com a desvalorização do Real diante do Dólar, vez que ao contrair o capital que viabilizou a operação de leasing liquidável pelo pagamento do equivalente em moeda estrangeira, as arrendadoras também endividaram-se em Dólar. Não houve, pois, enriquecimento sem causa.

Ao revés, o que se pode observar agora, com a substituição da liquidação dos contratos de leasing por meio da equivalência em moeda estrangeira pela indexação ao INPC, é o empobrecimento sem causa das arrendadoras, que na atividade de intermediação financeira endividaram-se em Dólar na convicção de regularidade da contratação que estabelecia o recebimento na mesma moeda, tendo agora, por força de algumas decisões judiciais, que suportar a discrepância de valores.

Seria interessante que os julgadores que perfilham este entendimento, ao proferir suas lapidares sentenças, reescrevessem, também, os princípios gerais de Direito, pois ao que parece a este escriba, os princípios idealizados por Ulpiano, no séc. III da era Cristã, que asseverava consistirem em "viver honestamente, não lesar a ninguém e dar a cada um o seu", não mais têm valia nesta República do deus sol tupiniquim.

Nesses termos, o julgamento de procedência das ações revisionais de contrato de leasing com cláusula de paridade cambial implica modificar a própria estrutura do contrato que fora ordinariamente celebrado entre as partes. Em análise última, significa admitir que para neutralizar riscos, próprios desta modalidade de contratação, e proteger a parte vulnerável, ainda que o seja muitas vezes apenas por força do dogma instituído pela legislação, da relação contratual, vale tudo.

Diante de tais disparates, nós, cá no nosso rés de chão, torcemos para quiçá os magistrados, ao julgarem essas questões, sejam transportados para o caminho de Damasco e, que ao palmilharem essas veredas sejam cercados pelo mesmo resplendor de luz do céu que arrebatou o Apóstolo Paulo e o trouxe de volta ao caminho do Ômega Teilhardiano e, que a voz que eles ouçam diga: "Vamos sedimentar nesse país a estabilidade da qual advirá os sete anos de vacas gordas ou queremos as incertezas que perpetuam entre nós as dez pragas do Egito?"...

A Resolução nº 2.878 do Banco Central do Brasil – Código do Consumidor Bancário?!?

Gazeta Mercantil, 12 de dezembro de 2001.

Nas brumas do séc. VI a.C., na longínqua província de Chang-tung, o filósofo chinês Confúcio, em sua obra Analecta, desvendava o espírito humano e já asseverava: "Quando a natureza excede a cultura, temos o rústico. Quando a cultura excede a natureza, temos o pedante". A Resolução nº 2.878 do Banco Central do Brasil, que dispõe sobre a contratação de operações e prestação de serviços das instituições financeiras, pretensamente nominada por alguns como "Código do Consumidor Bancário", expressa o ímpeto dos que ensejam ser "mais realistas do que o rei" e, desta forma, sedimenta o conhecimento fundado em presságios e alegorias, sem nenhum amparo científico. Em outras palavras, o predomínio do rústico, tal qual desde há muito delineado por Confúcio. Mesmo nas searas mais ortodoxas dos embates entre a produção e o consumo, o veredicto quanto à edição da citada Resolução fora em sentido uníssono, variando apenas a contextualização literal do pensamento, pois enquanto uns declararam que, "No fundo, no fundo, choveram no molhado", outros preferiram desfilar seu desapreço dizendo, simplesmente, que após esta Resolução do Banco Central, "tudo continua como d'antes na terra de Abrantes". Todas as manifestações, de afamados e anônimos, referendaram, invariavelmente, o mesmo aspecto: tudo o que fora tratado na Resolução já estava previsto, inclusive de forma mais ostensiva e minudente, pelo Código de Defesa do Consumidor, ou seja, a edição desta Resolução apenas conturba, ainda mais, a nossa já tão inflacionada contextura normativa, vez que atualmente há mais de 100.000 diplomas legislativos vigentes neste país, além de um sem-número de normas como esta Resolução nº 2.878, expressão do que o Professor Mauro Cappelletti nomina de "orgia legiferante", que nos concede a caricata impressão de que quão maior o número de leis, maior será a regulação de tal ou qual aspecto da vida das pessoas. Estes disparates me trazem à lembrança o Marquês de Maricá, que em suas Máximas já dizia: "As leis se complicam, quando se multiplicam".

As cláusulas, bem como as práticas abusivas, a vedação à veiculação de publicidade enganosa ou abusiva, a obrigatoriedade de que a informação seja clara e precisa, as proibições de efeitos discriminatórios ou preconceituosos, além de outras disposições contidas na Resolução, já estavam, todas, previstas no Código de Defesa do Consumidor. Nesse mister, havemos que considerar que a recusa geral expressada não é direcionada para a Resolução em si, mas para o aumento injustificado de normas que, ao invés de regrarem condutas e posturas, promovem uma desordem insana, pois muitas vezes enaltecem, como neste caso, o "bis in idem" e tumultuam os quadrantes de aplicabilidade das normas.

O CDC é lei federal de natureza principiológica e, desta forma, regula integralmente o gênero das relações entre consumidores e fornecedores em geral, inclusive consumidores de serviços de natureza bancária, vez que o parágrafo 2º, do seu art. 3º, os coloca expressamente sob a égide da lei consumerista editada em 1990. É fato que quando o Código veio à lume houve uma grita geral por parte dos bancos, que insistiam em incensar suas supostas prerrogativas e tentavam fomentar um entendimento salvador que os desse guarida nesta cruzada pela descaracterização de que eram fornecedores, nos termos do CDC.

Superados os pontos críticos iniciais, que envolvem toda uma resistência advinda de uma cultura coronelista e paroquial desde há tempos sedimentada em nossa vivenda, hoje não mais se discute sobre a aplicação das disposições do Código de Defesa do Consumidor nas relações bancárias, pois restou explicitado que estas relações estão inelutavelmente sob a sua égide normativa. Ressalvamos, ainda, neste nosso estudo, o aspecto hierárquico dos tipos normativos, que neste caso têm gradações distintas, a fim de demonstrar a esterilidade da Resolução citada. O CDC, que é hierarquicamente superior à Resolução, determina que o tratamento das relações de consumo envolvendo atividades bancárias, financeiras, de crédito e, também, as de natureza securitária, são regidas por suas normas. Não obstante, em momento seguinte, é editada a Resolução, que é hierarquicamente inferior ao Código de Defesa do Consumidor, regulando as mesmas coisas. Isto é o que a torna inócua, um verdadeiro arremedo do gládio da Justiça, pois não inova, não regula nada que já não estava regulado e não contempla nenhum expediente novidadeiro. Assim, melhor apreciando o contexto de sua edição, mais aprazível é nomeá-la de "Cartilha do Consumidor Bancário", vez que trata muito mais dos procedimentos do que da essência dos Institutos, promovendo a regulação de posturas e descendo a minúcias que, mesmo diante de interpretação singela, decorrem do teor principiológico do Código de Defesa do Consumidor. Desta forma, concluindo, diante da inflação desmesurada de diplomas normativos inócuos, que nos dá um perfil extremamente analítico, como se desconfiássemos de nós mesmos, haja vista nosso dilargado Texto Constitucional, referendamos a assertiva outrora esposada por Capistrano de Abreu: "Neste País só falta uma lei que diga que todas as demais são válidas e estão em vigor, devendo, portanto, serem respeitadas"...

A Banalização do Uso do Cheque Administrativo e os Problemas Originários desta Prática

Gazeta Mercantil, 17 de julho de 2001.

Modernamente a necessidade de segurança permeia todas as práticas sociais, mercantis e, é claro, como corolário lógico destes fatores, também as relações jurídicas. Problema advindo desta já tão disseminada intenção de diminuição de riscos é a utilização frequente e indiscriminada de cheques administrativos.

Os cheques administrativos ou "cheques bancários", também outrora nominados pelo Professor João Eunápio Borges como "cheques comprados" ou, "cheques adúlteros" na vetusta expressão dos juristas d´antanho, são ordens de pagamento emitidas pelas casas bancárias contra os seus próprios caixas, ou seja, são ordens de pagamento nas quais o banco emitente ordena a sua tesouraria que pague o valor consubstanciado naquela cártula. Naturalmente, depreende-se destas características que estes títulos trazem consigo estabilidade e, desta forma, não apresentam perigo de contrariedade, haja vista que seu pagamento encontra-se previamente garantido pelo próprio banco emitente.

O mecanismo utilizado para sua emissão é bem conhecido. O solicitante pede ao banco que seja emitido cheque administrativo em favor daquele a quem o pagamento deve ser realizado. Para tanto, disponibiliza o valor que é, concomitantemente à emissão do título, retirado pelo banco da conta do solicitante do cheque, a fim de que o banco, de posse efetiva destes recursos, possa responsabilizar-se pelo seu pagamento.

Destarte, não obstante a segurança e a liquidez apresentadas pelos cheques administrativos há alguns percalços que podem advir de eventual ocorrência de caso fortuito envolvendo esta modalidade de título de crédito; alguns óbices que, se eventualmente experimentados, farão o usuário desenfreado deste rever os propósitos que devem permear sua utilização cotidiana. Mas como dizia Balzac, em "O Primo Pons": "A um hábito ninguém tem coragem de dizer adeus. Muitos suicidas têm sido detidos no limiar da morte pela lembrança do café onde costumam ir, todas as noites, jogar uma partida de dominó", o que nos leva a refletir sobre o grau de dificuldade para que se leve à efeito uma quebra de hábitos.

O transtorno do cheque administrativo apresenta-se quando este é furtado, roubado ou mesmo extraviado e, mediante falsificação do endosso é passado a terceiro de boa-fé que, tendo consigo a disseminada ideia de segurança desta espécie de cheque, aceita incondicionalmente o título.

O calvário neste caso é dúplice. Ao passo que o solicitante do cheque, que foi quem pagou pelo título, mas não o instrumentalizou para pagamento ao favorecido, tenta a liberação dos recursos pago pelo cheque roubado, na mão revés, o terceiro de boa-fé tenta consolidar documentação comprobatória hábil ao recebimento deste mesmo cheque administrativo que, afinal, fora recebido de boa-fé.

Assim, o impasse está estabelecido. 1. O terceiro de boa-fé tenta elidir sua responsabilidade advinda de suposto procedimento negligente na verificação da legitimidade do endossante do título, visando assegurar o recebimento deste. 2. O banco, que recebeu do solicitante para a compra do cheque, não pode liberar os recursos, mesmo havendo sustação do título mediante apresentação de boletim de ocorrência – Resolução nº 2.537 do Bacen, pois mediante propositura de ação judicial o terceiro de boa-fé pode garantir o pagamento do cheque. 3. O solicitante, desta forma, não consegue a pronta liberação dos recursos empregados na aquisição do cheque administrativo, que somente poderá ocorrer por meio de apresentação de sentença de anulação do título ao banco emitente e, assim, o débito que ele visava quitar com o referido título acaba por se perpetuar.

Diante deste imbróglio, os sujeitos restam encalacrados à espera de uma solução, o que me faz recordar um indivíduo que, ao me dar notícia das razões pelas quais o banco alegava não liberar os recursos, resumiu o desiderato, parafraseando sem querer Machado de Assis, em "Dom Casmurro" e declarando: "Doutor, a confusão era geral", retratando o conciliábulo de que participara a fim de compor os interesses antagônicos dos envolvidos.

Neste mister é que, visando recompor preventivamente esse contexto desordenado, ousamos esboçar estes poucos traços acerca do uso indiscriminado do cheque administrativo, apregoando que a utilização deste deva ter sua segurança e estabilidade equacionadas com o risco intrínseco de ocorrências fortuitas que, invariavelmente, colocam o comprador do cheque em posição obscura e complicada.

Desta forma, asseveramos aos adeptos do uso indiscriminado de cheques administrativos, que promovem a utilização social destes como um adereço, uma ornamentação assecuratória de um "*plus*" de credibilidade, que reduzam seu uso ao estritamente necessário ou, que continuem, em uma visão romanceada, dançando na chuva tal qual Gene Kelly, mas assumindo o perigo do resfriado...

O Projeto do Novo Código Civil Brasileiro

Revista Panorama da Justiça, v. IV, 2001.

> *"Cada coisa é perfeita na medida em que está em ato, imperfeita na medida em que está em potência."*
> **Santo Tomás de Aquino**

Sem embargo e não obstante toda a nomenclatura que tem sido veiculada para demonstrar o que se convencionou chamar de despatrimonialização, desdogmatização ou publicização do direito privado, esse estudo somente poderia ser suscitado como reminiscência histórica oriunda da *Summa divisio* do vetusto direito romano, que concebia divisão cabal dos ramos do direito, classificando-os de direito público ou de privado.

Em verdade, todas as coisas encerram uma contradição íntima, a dialética entre duas realidades coexistentes: a realidade do que são e a realidade do que podem ser. O direito é de uma unidade fundamental, representando uma unidade conceitual no plano filosófico, uma unidade orgânica no plano científico, e ainda, uma unidade teleológica no plano social, como desmistifica o arguto pensar do Prof. Caio Mário da Silva Pereira, referendado pelo emérito Prof. Carlos Bentivegna, daí conceber-se uma hipotética divisão apenas como sistematização de substrato eminentemente metafísico e não fático.

É de todo inegável que há uma vasta migração de institutos do Código Civil para o Texto Constitucional, constituindo o que muitos juristas denominam de "esvaziamento" do Direito Civil, ancorado na "orgia legiferante" do processo legislativo preconizada por Cappelletti, processo este que incensa a sacrossanta sociedade pluralista e fragmentária, votando leis especiais que acabam por ser o toque de Midas, menos necessário à determinada demanda setorial crescente do que a legitimação de interesses próprios inconfessáveis, onde o que predomina é o cinismo de quem sabe o preço de cada coisa e o valor de coisa alguma.

O nosso Código Civil, esta obra-prima de Beviláqua, de inspiração oitocentista, sedimentado no individualismo jurídico e no voluntarismo fundado na autonomia da vontade, tem se debatido como um náufrago a rezar para que uma centelha interpretativa inovadora promova o seu amálgama com a Constituição e o coadune a ela. Frei Tito de Alencar Lima deixara registrado em seus papéis que "é melhor morrer do que perder a vida" e, quer-nos parecer, sobretudo diante das infindáveis moções contra o novo Código, que alguns desejam um Código Civil imorredouro, mesmo que estiolado pelos inevitáveis neologismos que aviltam seus estertores.

O projeto do novo Código Civil não ambiciona "a plenitude do direito escrito", nas palavras de Miguel Reale, mas sim, a plenitude jurídica do ordenamento, fundada em uma unidade sistemática, sem enveredar por caminhos que transcendem o campo do Direito Civil e, que devido ao tecnicismo e aos aforismos que permeiam estas matérias ainda não consolidadas, devem eles serem alcançados por legislação extravagante.

Contemporaneamente, é importante a desmistificação do *status quo* ante do Código Civil, que era caracterizado como uma Constituição privada, um macrossistema de feições duradouras, pois modernamente havemos que ensejar um Código que seja a espinha dorsal de um polissistema composto por microssistemas legislativos de tipos mais abertos, não tão permeados pela taxatividade de outrora, ou seja, uma legislação que estabeleça ensanchas para uma interpretação de maior amplitude.

Por esses microssistemas legislativos é que se regula a política das relações de consumo pátrio, as pesquisas genéticas determinantes das modalidades de inseminação artificial, os óbices bioéticos da clonagem, as medidas sócio-educativas que devem ser abarcadas pelo atendimento às crianças e aos adolescentes, a regulamentação da parceria entre pessoas do mesmo sexo, e até as sociedades por ações, que por estarem vinculadas ao mercado de capitais exorbitam os marcos do Direito Civil.

A Constituição Federal é a fonte fundacional da ordem jurídica do Estado, instituindo o poder político e preconizando quais são os direitos e garantias individuais dos cidadãos, daí ter-se que o direito privado, sob a ótica dessa assertiva, deve compatibilizar-se com a Lei Maior, restando pusilânime todo o brio interpretativo de que se valem os saudosistas, que querem ainda interpretar a Constituição às luzes do Código Civil.

A modificação de maior monta que se promoveu no direito privado pátrio foi a proteção de direitos despatrimonializados, ou seja, de direitos extratificados em uma categoria extrapatrimonial como a realização plena e irrestrita da personalidade e a efetiva tutela da dignidade da pessoa humana, atendendo à socialização do direito que é cadente na Carta Constitucional.

Mudanças outras, positivas, foram levadas a efeito no projetado Código, pois se desvincula do escravismo ao culto da palavra e expressa-se, mais e mais, abandonando as já tão decantadas fórmulas de teor juridicizante, visando adequar-se ao vocabulário próprio das áreas reguladas.

Exemplo de legislação concebida sob os auspícios dessa nova fenômenologia é o Código de Defesa do Consumidor, que em face da mumificação do Código Civil, vislumbrou deslindar os conflitos de consumo, frutos de uma sociedade massificada pelo intenso tráfico mercantil e que, não obstante ter inovado nestas antigas concepções, inovou, também, diante da esquemática do Código de Processo Civil, que traz consigo a regulamentação de conflitos intersubjetivos, pois a Lei nº 8.078/90 concebe uma sistemática processual própria que abarca os direitos individuais homogêneos, os direitos coletivos e os direitos difusos, promovendo uma transeficácia protetiva, que enseja amparar até aos circunstantes que se encontrem como vulneráveis na cadeia de consumo.

Assim, em que pese à dissonância de Habermas, que não aprova a terminologia, a sociedade de estágio contemporâneo é nominada por Karl Larenz de "sociedade pós-moderna". O pós-modernismo caracteriza o chamado "pós-industrialismo", o "pós-fordismo", uma era de desregulamentação, de um fenômeno jurídico fragmentário, de incertezas jurídicas onde as antinomias são inevitáveis e a interpretação parte da cedência recíproca de princípios. Essas mutações são extremamente sensíveis para o mundo do direito, sobretudo na teoria clássica dos contratos, consoante com o que elucida a Professora Cláudia Lima Marques, que preconiza uma nova feição contratual expressa nos contratos denominados "relacionais", que não mais estão sujeitos ao princípio do *pacta sunt servanda*, nem condicionados aos restritos domínios da cláusula *rebus sic stantibus*, mas sujeitos a manutenção do equilíbrio econômico como expressão de uma justiça menos retributiva e mais distributiva.

O novo Código Civil, nesse mister de instituição de uma função social dos contratos, conjetura uma revitalização desta seara que, sob o vaticínio de Gilbert, "Está morto"; para Josserand: "Se tornam cada vez menos e menos contratuais"; e na melancólica expressão de René Savatier: "*Elle était si belle et si simple la notion du contrat dans le code...*". As teorias não morrem, mas se relativizam em comunhão com os valores presentes em cada época, como a clássica concepção de Pascal, que colocava o ser humano no centro espacial do Universo, reformulada posteriormente por Teilhard de Chardin, que situou seus semelhantes, não no centro da criação, mas no ápice da evolução; ou, neste mesmo sentido, a teoria ptolomaica, que asseverava que a Terra era o centro do Universo, refutada veementemente com ventura por Copérnico e Galileu.

De tudo quanto exposto, e ainda numa passada d' olhos mais minudenciada pelos institutos do direito de família, obrigações, sucessões e direito da empresa, concluímos que o projetado Diploma Civilístico é consoante com os valores do pós-modernismo, que representam o exsurgir de um paradigma jurídico inovador, onde o Direito Civil, afinal, não mais tratará de maçãs dependuradas em galhos que invadem o quintal do vizinho de nome Mévio ou Tício, mas que busque uma revitalização de seus institutos procedendo uma sua releitura sob as luzes da Constituição da República.

Resta-nos, assim, a esperança da sublime colheita, vez que no projeto do novo Código Civil que vem, reside a primazia da semente, concebida por aqueles que fazem do fenômeno jurídico um estóico sacerdócio de amor. Funestamente para os saudosistas, saudades estas potencializadas pelo artista superior que foi Clóvis, do Código que vai ficam as glórias, os escombros, as manchas de nostalgia, a saudade corrosiva nos espelhos estilhaçados da memória, de todos nós...

O Cadastro de Emitentes de Cheques sem Fundos e o Constrangimento na Cobrança

Revista Panorama da Justiça, v. IV, 2001.

Como outrora já prenunciava o Marquês de Maricá, em suas *Máximas*, "Somos bons consoladores, e muito maus sofredores", expressão de um tempo em que o dano moral ainda era considerado uma extravagância do espírito humano e sua indenizabilidade era refutada. Esta visão ortodoxa está superada, porém perpetua-se o óbice intransponível da quantificação objetiva dos danos de natureza extrapatrimonial, sobretudo diante do subjetivismo dos sentimentos dos lesados, uns menos, outros mais doloridos.

Contemporaneamente, há um aviltamento da sensibilidade dos cidadãos que, consoante verifica-se nos pedidos contidos nas enxurradas de ações propostas nos tribunais de todo o País, trazem consigo um sentimento exacerbado de dor, de pesar, de inconformismo em face de questiúnculas corriqueiras, ou seja, as pessoas, diante de uma consciência forjada nesse novo contexto social, pugnam sobremaneira pela preservação de sua esfera de direitos e, não raro, sentem-se tão espoliadas na intimidade de seu suposto calvário, que tentam obstar a instrumentalização de direitos alheios, naturalmente expandindo os seus próprios.

Expressão deste sentimento é a grita geral das pessoas incluídas no CCF – Cadastro de Emitentes de Cheques sem Fundos, que declaram sentir-se coagidas à efetivação do pagamento e que, neste mister, buscam extirpar a possibilidade de que seus nomes constem do citado cadastro, não mediante pagamento do que é devido, mas alegando amparo nas disposições contidas no art. 42 do CDC – Código de Defesa do Consumidor, que estabelece proibição às cobranças que promovam constrangimento do consumidor.

Com o CDC, boas coisas vieram. Nos supermercados, feiras e padarias ouve-se constantemente que isto e aquilo são abusivos; que há direito assegurado de arrependimento e consequente devolução do produto; que a oferta vincula e, desta forma, legitima a exigibilidade de seu cumprimento, ou seja, os direitos previstos pelo CDC contagiaram a todos, indistintamente. É gratificante a constatação empírica desta tomada de consciência coletiva em que donas-de-casa, profissionais autônomos e liberais em geral e, enfim, até os advogados mais céticos apreenderam as prerrogativas que esta legislação trouxe para a salvaguarda dos direitos de cidadania. Para elucidar o exaltamento que perpassa esta situação, recordo trecho elucidativo de Eça de Queirós, em 'A Correspondência de Fradique Mendes': "A nação inteira se doutorou. Do norte ao sul, no Brasil, não há, não encontrei, senão doutores!" Esta é a miríade de noções positivas trazidas pelo CDC que, de alguma forma, juridicizou o pensamento do povo brasileiro.

Destarte, em contrapartida, algumas mazelas e sobretudo lacunas para o cometimento de abusos, também foram trazidas pela regulação das relações consumeristas que, como se depreende do próprio nome da lei que as regulamenta, não

TEMAS DE DIREITO BANCÁRIO 161

é paritária, pois o Código é de "defesa do consumidor", e não apenas de "regulação das relações de consumo". Quando se defende alguém objetivamente considerado mais fraco perante outrem, esta defesa é robustecida por um espírito de solidariedade e fraternidade, inspiração esta que deve ser fática para que se restabeleça uma justiça efetivamente equitativa, e não meramente ideológica como um fim em si mesma. A inversão do ônus da prova, a previsão de responsabilidade objetiva pelo fato do produto e do serviço e também por vício do produto e do serviço, a interpretação contra o conceptor do contrato de adesão, além das abusividades infindas previstas pelo CDC, potencializadas pelo reconhecimento da vulnerabilidade do consumidor, promoveram a hipersensibilização dos cidadãos consumidores em geral. Todos tornaram-se, paradoxalmente, poderosos e, ao mesmo tempo, absurdamente doloridos e, dessa forma, super-legitimados ao pleito para reparação do "*pretium doloris*", literalmente "preço da dor", supostamente experimentada.

Volvendo, mais especificamente, à questão do proibitivo contido no art. 42 do CDC, que coíbe o constrangimento na cobrança de dívidas e, diante disto, da alegação de ilegalidade da manutenção do CCF, verificamos a predominância de uma interpretação subversiva da verdadeira intenção do dispositivo citado. A proibição de constrangimento reporta-se tão somente aos excessos cometidos, pois toda cobrança é naturalmente constrangedora, muitas vezes não apenas para o cobrado, mas também para o cobrador da dívida que, nestes termos, deveria, também, ter direito à sua fatia no bolo do "*pretium doloris*", que ora é servido pelo Judiciário em abundância.

Neste sentido, recordo nitidamente dos incontáveis episódios em que minha mãe, outrora proprietária de um estabelecimento comercial, passava por situações verdadeiramente constrangedoras ao ter que cobrar alguém. Lembro-me da engenharia de pensamentos para a montagem de estratagemas para a cobrança singela de uma dívida, sempre considerando que o fulano devedor era filho do beltrano que, por sua vez era primo do sicrano, que era, afinal, amigo da família. Minhas lembranças não me permitem, também, o esquecimento dos "esquecidos", que viviam tendo surtos de esquizofrenia quando o assunto era o pagamento de suas dívidas, mas que jamais deslembravam-se de eventuais cinco centavos de troco que não lhe haviam sido entregues em compras passadas devido à falta de tal ou qual moeda. Situações realmente caricatas, mas também elucidativas da cisão que alguns promovem entre direitos e obrigações.

Sobre o cerne da questão ora tratada, havemos de considerar que o CCF é banco de dados mantido pelo Banco Central do Brasil e, que tem por finalidade estabelecer proteção ao crédito mediante efeito inibitório da prática da emissão de cheques sem suficiente provisão de fundos.

Dessa forma, o CCF não tem por finalidade precípua estabelecer constrangimento para que o devedor pague sua dívida, embora o faça por via reflexa. Ou seja, no afã de proteger o mercado como um todo, acaba ferindo uma das facetas da privacidade do mau pagador, pretenso estelionatário nos termos da Lei do Cheque, que é constrangido ao pagamento para regularizar não apenas a sua própria situação perante os órgãos de proteção ao crédito, mas também a de quem vendeu um produto ou prestou um serviço e não recebeu nada por isto.

Neste contexto controverso é que se dá a tentativa de atacar o referido Cadastro, preconizando esta justiça como a contida na ideia judaico-cristã do *"caritas"*, que significa justiça, mas que também pode ser expressa como caridade e, aí sim, após ter roubado o gládio da justiça e malogrado o equilíbrio de sua balança, tentam acabar com o referido Cadastro de Emitentes de Cheques sem Fundos e legitimar a tentativa de um calote irresponsável e generalizado.

A verdade é que os interesses da coletividade devem sobrepujar os meramente individuais e, assim, o direito à privacidade dos devedores que alegam constrangimento a fim de perpetuar a farta colhedura dos frutos do "pretium doloris" e o não pagamento de suas dívidas, cede diante da prerrogativa da coletividade de estar, ao menos relativamente, amparada contra os desvarios cometidos na emissão de cheques sem fundos.

É lastimoso como, ainda diante destes argumentos, alguns insistem em palmilhar a tortuosa romaria da alegação de que o apontamento do nome do emitente de cheques sem fundos no CCF é constrangedor, utilizando-se de malabarismos verbais e piruetas literárias para autenticar suas convicções de ilegalidade do Cadastro em face do art. 42 do CDC. Esta tentativa condescendente, apoiada nos descalabros e desvarios interpretativos de alguns juristas, que tentam indulgenciar obsequiosamente os devedores e, assim, permitir o incremento de um calote nefasto, geral e total em nome de um distorcido humanitarismo cristão, é o que nos traz à lembrança Cícero, que constatando a falta de discernimento que entorpece o espírito de alguns, na clássica "*Catilinárias*" indaga: "Até quando, Catilina, abusarás da nossa paciência?"...; e, fazendo coro a perplexidade de Cícero, todos os malsinados credores, que têm suas cobranças extrajudiciais inviabilizadas e não recebem o que lhes é devido, também devem se questionar: "Até quando?".

SUPLEMENTO

Occhi aperti!
Tribuna do Direito, novembro de 2008.

Santo Ivo, o santo padroeiro dos advogados, nasceu na Bretanha e foi em Paris que desfilou sua inteligência no estudo da Filosofia, da Teologia e do Direito. Ivo de Kermartin, ao voltar à sua terra natal, aceitou ser juiz do Tribunal Eclesiástico, por onde passavam questões controvertidas da época. Com sua sabedoria, imparcialidade e espírito conciliador desfazia as inimizades e conquistava o respeito até dos que eram derrotados nas contendas. A defesa intransigente dos injustiçados e dos necessitados deu-lhe o título de "advogado dos pobres", uma distinção que continuou merecendo ao tornar-se sacerdote e ao construir um hospital, onde cuidava dos doentes com suas próprias mãos.

Talvez inspirado por estes ideais, foi que D. Pedro I instituiu os cursos jurídicos no Brasil. Ao criar os dois primeiros cursos de ciências jurídicas e sociais do país por meio do decreto imperial de 11 de agosto de 1827, D. Pedro I não imaginava como seria o porvir do ensino do Direito no Brasil.

Instituídas em 1828, as Faculdades de Direito de São Paulo e Olinda tinham como objetivo primaz a formação humanística de homens assaz diferenciados por sua capacidade intelectual, para governar o país ocupando cargos públicos do mais alto relevo. Passados quase 180 anos do referido decreto inaugural, hoje o Brasil é verdadeiramente a "República dos bacharéis", haja vista o contingente vultoso de bacharéis em Direito que não estão relacionados entre os aproximadamente 600 mil advogados inscritos na OAB, e sem nos referirmos aos quase 1,5 milhão de alunos, aspirantes ao bacharelado, atualmente matriculados em 1.077 cursos jurídicos no país.

Nesse contexto, o Exame de Ordem tem a finalidade de aferir se o bacharel reúne as condições elementares para exercer a Advocacia e, nesse mister, salvaguardar os direitos e interesses dos que estiverem diante de eventual demanda judicial ou administrativa.

Não obstante, antagônicos ao Exame de Ordem, alguns perfilham vereda de interpretação sinuosa para tentar afigurá-lo ilegal e inconstitucional. Todavia, ao enveredarem por exegese tortuosa deslembram-se que o livre exercício dessa profissão tão acalantada pelo jurista fiorentino Piero Calamandrei está sedimentado em norma constitucional de aplicabilidade mediata, assim consideradas as normas que utilizam expressões tais "nos termos da lei", "na forma da lei", "a lei disporá", "a lei regulará", para evidenciar que não possuem aplicabilidade de per si.

Nesse mesmo sentido, corroborando a inteligência da Constituição Federal, que erige o direito a livre profissão à categoria de norma constitucional de aplicabilidade mediata, o estatuto da OAB possui, conforme determina o artigo 5º, XIII da Constituição, previsão expressa que enfatiza a exigência de que os bacharéis se submetam ao Exame de Ordem (artigo

8º, inciso IV da Lei 8.906/94) para que, após lograrem êxito nas aferições técnicas que serão por meio dele submetidos, recebam a chancela para o sacerdócio da Advocacia.

"Advogado" e "bacharel" não são vocábulos cujas cargas axiológicas denotam o mesmo sentido. Nesse mister de tentativa de confusão entre as figuras do advogado e do bacharel, deve-se lembrar a posição de Humberto Gomes de Barros, ex-ministro do STJ, para quem "(...) domina entre nós uma deformação cultural que nos faz confundir o *status* de bacharel em Direito, com aquele de advogado. Costuma-se dizer que determinada pessoa formou-se em Advocacia. Nos jornais, não é rara a afirmação de que certo policial é advogado formado. Semelhante confusão esmaece a percepção de que o advogado é um dos três fatores de administração da Justiça. Credenciado pela Ordem dos Advogados do Brasil, o advogado vocacionado para o exercício de seu *munus* público, presta contribuição fundamental ao Estado de Direito. Em contrapartida, o causídico tecnicamente incapaz, mal preparado ou limitado pela timidez pode causar imensos prejuízos. Na realidade, os danos causados pelo mau advogado tendem a ser mais graves do que aqueles provocados por maus juízes: prazo perdido, o conselho errado, o manejo imperfeito de algum recurso não têm conserto. Já o ato infeliz do magistrado é passível de recurso. Por isso, a inscrição na Ordem dos Advogados do Brasil não constitui mero título honorífico, necessariamente agregado ao diploma de bacharel. Nele se consuma ato-condição que transforma o bacharel em advogado. Se assim ocorre, a seleção de bacharéis para o exercício da advocacia deve ser tão rigorosa como o procedimento de escolha de magistrados e agentes do Ministério Público. Não é de bom aviso liberalizá-la".

Atentos à barafunda criada a partir de uma decisão que havia deferido o exercício da Advocacia independentemente de aprovação no Exame de Ordem, e também às proposições contidas no Projeto de Lei 5.805/2005 e aos demais Projetos a ele apensados, auguramos que reste consolidada nos Tribunais a constitucionalidade e a legalidade dessa avaliação, pois, caso contrário, o princípio da fungibilidade dos recursos e a parêmia *Da mihi factum, dabo tibi jus* ("Dá-me o fato que te darei o direito") certamente serão instrumentalizados à exaustão, embaralhando a prestação jurisdicional.

Occhi aperti!

Apresentação

Setembro de 2001, in Adalberto Martins. *A Proteção Constitucional ao Trabalho de Crianças e Adolescentes*. LTR Editora: São Paulo, 2002.

O trabalho infantil, que entorpece o desenvolvimento, embrutecendo o espírito e enfraquecendo o corpo, não é preocupação recente. O Papa Leão XIII, na Encíclica *Rerum Novarum*, trazida à lume no ano de 1891, já asseverava inquietação quanto ao trabalho infantil, expressando que: "Especialmente a infância – e isto deve ser estritamente observado – não deve entrar na oficina senão depois que a idade tenha desenvolvido nela as forças físicas, intelectuais e morais. Do contrário, como uma planta ainda tenra, ver-se-á murchar com um trabalho demasiado, precoce, e dar-se-á cabo da sua educação". Não obstante a contundente peregrinação do citado clérigo, o trabalho infantil ainda é chaga social incurada, sendo que muitas das feridas estão, ainda, abertas no contexto social brasileiro.

A Emenda Constitucional nº 20, de 15 de dezembro de 1998, que estabeleceu proibitivo ao trabalho, qualquer que seja ele, de menores de dezesseis anos, não alterou o retrato desse nosso tão mal pintado quadro social. Aliás, a disposição contida no art. 60 da Lei nº 8.069/90 – Estatuto da Criança e do Adolescente, já previa a vedação ao trabalho do menor de catorze anos.

Dessa forma, mediante apreciação das duas disposições acima citadas, um observador menos cético haverá de interpretar um suposto avanço na questão do trabalho infantil em nosso país, uma vez que em 1990 proibia-se o trabalho aos menores de catorze anos e em 1998 a proibição escalou para a casa dos dezesseis anos. O fato é que a exploração da mão-de-obra de menores é, ainda, disseminada e sedimentada fortemente em nosso cotidiano.

O Brasil, então, diante da imutabilidade desse disparate, ludibriando a si próprio, como se a instituição de mais um elemento normativo formal fosse extirpar o trabalho infantil de nossa vivenda, sem contudo criar políticas públicas que proporcionem a instrumentalização da legislação vigente, trouxe a Emenda Constitucional nº 20 ao já tão inflacionado contexto normativo brasileiro.

É oportuno enaltecer que o Direito é uma ciência que trabalha apenas com o elemento formal da relação, regulando-a mediante normatização, que deve advir das condições fáticas criadas para que a legislação seja cumprida, ou seja, não tem sentido legislar sobre algo se as condições para que a legislação seja cumprida não forem implementadas. Se assim não fosse, hoje mesmo este humilde causídico trabalharia proficuamente em projeto de lei que proibisse que as pessoas ficassem doentes ou mesmo passassem fome, ressalvados, é claro, os casos em que se passa fome em razão da busca da saúde ou mesmo da estética.

A legislação não pode ser um engodo à plena realização da cidadania, desprestigiando a dignidade da pessoa humana e frustrando a plena realização de sua personalidade. A Emenda Constitucional nº 20, que proíbe o trabalho infantil, deve restar embasada em planos de governo e políticas públicas que, paulatinamente, dêem condições para que todo o seu teor seja instrumentalizado e, aí sim, o trabalho infantil seja terminantemente banido de nosso país.

Nessa realidade decrépita, na qual várias leis são despropositadamente inseridas, fortalecendo o aparecimento de antinomias, o Professor Adalberto Martins, emérito juslaborista, autor dessa profícua obra que ora vem a lume do mundo jurídico, enaltecer que dois propósitos devem reger o agir das autoridades: 1. o banimento do trabalho infantil é uma realidade a ser alcançada, a fim de que a criança trabalhadora de hoje não seja o adulto sucateado de amanhã; 2. a punição do empresário inescrupuloso deverá ser efetiva, subtraindo-se a possibilidade de impunidade da Meca financeira, que ainda hoje vive ancorada na arrogância do dinheiro.

Em pleno terceiro milênio, os números são alarmantes e reveladores de uma realidade decrépita. Nada menos que 3,5 milhões de crianças brasileiras perdem a infância trabalhando.

No tumultuado contexto brasileiro, sob a perspectiva do trabalho do menor, o desaforo mais meticuloso e de maior amplitude é o falseamento do treinamento profissional e de várias modalidades de estágio, angariando menores que, coagidos pela penúria e pela fome que assola mais de cinquenta milhões de pessoas, que vivem em estado de miséria absoluta, submetem-se ao exercício de ofícios que não são passíveis de aprendizagem ou estágio.

Diante dessa exploração da mão-de-obra do menor, mediante procedimentos ardilosos e defraudadores que escondem-se sob a face da aprendizagem, surge a infame e abjeta figura do subemprego que, desdenhosa dos trabalhadores que perfilham suas fileiras, não lhes afiança os direitos trabalhistas inerentes ao regime da Consolidação das Leis do Trabalho, criando, portanto, o discriminativo entre trabalhadores de primeira e de segunda classes e ensejando, em última instância, a fundação de elementos que tornem patentes os vários níveis de instrumentalização da cidadania como fator de integração ou de exclusão social.

Assim, é em face dessa depauperada realidade brasileira que, nesta primorosa obra, o Professor Adalberto Martins analisa os delineamentos e limitação ao trabalho do menor, enaltecendo os aspectos jurídicos dessa fenomenologia que assevera os perpétuos embates entre o trabalho e o capital, sem, no entanto, incitar ou promover apologia à ociosidade.

Pela fé, então, retornemos ao mundo onde se possa restar esperanças de novamente venerarmos uma arte musical tal qual a de Mozart, a física de Planck, a literatura de Machado de Assis ou mesmo a filosofia de Plotino, que possa florescer num desses pequeninos, e que essa seja a nossa Páscoa, a nossa travessia do deserto do Egito para Canaã, ou da opressão do trabalho do menor para a liberdade da educação e da cidadania, pois o castigo mais deprimente e fastidioso para esses tantos menores trabalhadores é restarem encarcerados nas masmorras da ignorância e do esquecimento...

Laus tibi Domine.

Salve, Ivo! Salve a Advocacia deste País...

Gazeta Mercantil, 10 de agosto de 2001.

Santo Ivo, o Santo Padroeiro dos advogados nasceu na Bretanha, França, e foi em Paris que desfilou o *"glamour"* da sua inteligência no estudo da Filosofia, da Teologia e do Direito. Ivo de Kermartin, ao voltar à sua terra natal, aceitou o encargo de ser juiz do Tribunal Eclesiástico, por onde passavam as questões mais controvertidas da época. Com sua sabedoria, imparcialidade e espírito conciliador desfazia as inimizades e conquistava o respeito até dos que eram derrotados nas contendas. A defesa intransigente dos injustiçados e dos necessitados deu-lhe o título de "advogado dos pobres", um título que continuou merecendo ao tornar-se sacerdote, e ao construir um hospital onde cuidava dos doentes com as suas próprias mãos.

Talvez inspirado por estes ideais foi que D. Pedro I instituiu os Cursos Jurídicos no Brasil. Ao criar os dois primeiros Cursos de Ciências Jurídicas e Sociais do país por meio do Decreto Imperial de 11 de agosto da graça de 1827, D. Pedro I, aquele do Grito às margens do Ipiranga, não imaginava o quão melancólico seria o porvir da advocacia brasileira.

Instituídas em 1828, as Faculdades de Direito de São Paulo e de Olinda, as mais antigas Academias de Ensino Humanístico pátrias, tinham como objetivo primaz a formação de homens diferenciados por sua sensibilidade e capacidade intelectual para governar o país, ocupando cargos públicos do mais alto relevo.

Cento e setenta e oito anos depois, a realidade é bem outra, eu diria diametralmente antagônica. Os Cursos de Direito proliferam-se tal qual cria de coelho. São atualmente mais de 700 e podem, em alguns parcos anos, ultrapassar a casa dos mil cursos, haja vista a média impressionante e, impressionante porque absurda e despropositada, de trezentos pedidos de abertura de novos Cursos Jurídicos por ano, registrada pelo Ministério da Educação nos últimos cinco anos, afora o malfadado e arbitrário aumento indiscriminado de vagas pelas Faculdades regulares.

Esta aparente difusão do saber calcado no suposto conhecimento do fenômeno jurídico já rendeu ao Brasil doutrora o título de "República dos Bacharéis". Todavia, este rótulo vetusto modernamente em nada envaidece a classe dos verdadeiros causídicos nacionais; ao revés, tem até uma forte conotação caricata, servindo para exprimir a mediocridade de grande parte dos milhares de advogados que ingressam todos os anos no mercado de trabalho com o canudo debaixo do braço, o anelão de formatura no dedo indicador e a indumentária típica do "dotô adevogado".

Para que se tenha uma ideia da situação patológica vivenciada pelo ensino jurídico no Brasil, todos os anos mais de três quartos, isto mesmo, mais de 75% dos bacharéis em Direito inscritos na prova de habilitação para o exercício da advocacia da Ordem dos Advogados do Brasil, são reprovados.

A falta de capacitação dos operadores do Direito é consequência direta da má qualidade dos Cursos de Direito ofertados, expressão por um lado do maior acesso aos níveis superiores de educação, outrora restritos aos nichos mais bem aquinhoados da população e, por outro, da exploração ardilosa da educação como produto ordinariamente oferecido ao mercado de consumo, não obstante o teor constitucional de direito de jaez social que lhe é atribuído.

As faculdades, outrora conhecidas por sua natureza acadêmica, às quais incumbia primordialmente o desempenho de atribuições nobres como a geração e implemento da performance do conhecimento, o fomento à pesquisa, e a formação de bacharéis capacitados e reconhecidos por seu intelecto privilegiado face a profundidade e a amplitude de sua cientificidade e capacidade de lidar com os litígios cada vez mais complexos diante de um contexto social tumultuado, tornaram-se reles consórcios de diplomas que ano após ano despejam milhares de rábulas de qualidade no mínimo duvidosa no mercado profissional.

Não ensejamos com estas considerações desprestigiar os muitos jovens causídicos que, sedimentados em firmes propósitos, ingressam majestosa e herculeamente na carreira, que como professor temos a vaidade de forjar nas Oficinas do Conhecimento, mas apenas demonstrar o quão grande é a responsabilidade do exercício da advocacia que, nestes moldes, não se compatibiliza com a feição notadamente mercantilista que lhe tem sido dada.

Esse metamorfoseamento das Faculdades de Direito transformando-se em autênticos consórcios para aquisição do certificado de bacharelado é produto, sobretudo, da lógica mercantil tão impregnada em nosso sistema de base econômica capitalista, que norteia a gestão empresarial da educação como um produto qualquer, mormente em face do sucateamento das estruturas estatais. A produção em grande escala e a redução dos custos são os princípios basilares que norteiam a maior parte das instituições particulares, que prestam o serviço de ensino superior de forma tão medíocre que selam o destino profissional dos que ousam perfilhar suas fileiras.

O ingresso numa instituição de ensino superior é, neste jaez, emblemático. Banalizou-se por completo. O estudante egresso do ensino médio matricula-se num curso de Direito visando obter, ao cabo do prazo praticamente consorcial de cinco anos, um diploma de bacharel, assim como se adquirisse um veículo automotor por meio de um qualquer contrato numa instituição financeira.

Eis um breve lançar d' olhos sobre a faceta menos nobre da educação, aquela que tem como sinonímia a "falência do ensino jurídico no Brasil", na tão feliz expressão usada pelo promotor Ricardo Dias Leme, Assessor de Comunicação da Procuradoria Geral de Justiça, ao tentar explicar nos idos de 2001 o porquê das 100 vagas para promotores abertas pelo Ministério Público do Estado de São Paulo apenas 52 foram preenchidas, em que pese tenha havido a inscrição efetiva de 6.659 candidatos. Um verdadeiro "show de horrores", como declarou um dos membros da Comissão encarregada do Concurso.

A evidência do descaso e do menoscabo do Poder Público para com o direito social à educação, insculpido no art. 6º da Constituição Federal, bem como sua absoluta ineficácia na ficta missão, nos termos do art. 209 da Carta Magna, de fiscalizar as instituições particulares que prestam o serviço de ensino, dentre as quais as modernamente chamadas empresas-escolas, que formam nossos operadores do Direito, é fastidiosa e, para os nostálgicos cultores, podemos expressar como nada menos do que deprimente.

Desta forma, este reflexo do processo contínuo de endemias que já tomam todo o corpo social de nosso país como uma chaga incurável, somente pode ser deposto pelo arbítrio dos candidatos a acadêmicos de Direito que, sopesando objetivamente os resultados obtidos pelas Faculdades de Direito, escolham para prestar os seus vestibulares as de melhor performance e, que não sejam premidos pela pressa, ingressando em Faculdades com menções sucessivamente negativas ou não recomendadas, pois parafraseando o ditado popular: "O apressado come crú" e, assim, levará consigo a "marca" do produto adquirido, que lhe permitirá vivenciar no exercício profissional cotidiano, em trocadilhos, os sete anos de vacas gordas, ou, lamentavelmente, as dez pragas do Egito... "*Alea jacta est!*" ou, em vernáculo, a sorte está lançada! Façam as suas apostas...

Crônica: O Rábula

10 de dezembro de 2000.

No contexto interiorano de nosso País entendia-se por rábula aquele que advogava sem diploma. Entrementes, na atualidade, o rábula é o causídico que, em que pese seja diplomado, tem intimidade com a prática rotineira da chicana em questões judiciais.

Afora o padrão de excelência da advocacia levada a efeito pelo advogado, outros fatores credenciam o estereótipo dos patronos judiciais. Advogados trabalhistas com seus ternos xadrezes, os tributaristas com seus azul-marinhos e os criminalistas com ternos escuros e camisas escuras com gravatas contrastantes, no mais das vezes vermelhas ou roxas.

Nesse desfile de estereótipos, mediante apreciação do contexto da justiça, é possível cogitarmos de um delineador da indumentária e dos hábitos mais afamados do rábula contemporâneo.

O enorme anel de formatura com uma escomunal pedra vermelha cintilante é lugar comum entre os rábulas conservadores que ensejam dar publicidade às suas prerrogativas profissionais. O uso do broche da OAB em ocasiões que jamais reclamariam sua utilização, como em casamentos, festas de aniversário e até em visitas à casa de parentes, denota, também, a predileção do rábula pelo efeito publicístico e pretensa exaltação de seu intelecto que sua identificação pode causar em um País que já foi afamado como a República dos Bacharéis.

As gravatas, ora as gravatas. Estas têm o condão de desmistificar qualquer tentativa de o rábula passar despercebido. Gravatas inspiradas em Walt Disney, gravatas com emblemas futebolísticos, gravatas com motivos florais, gravatas de crochê, todas estas, invariavelmente, trazem atrás de si um rábula.

Destarte, não é apenas a indumentária que traz peculiaridades que permitem identificar este causídico menos enobrecido. Algumas práticas sedimentadas no comportamento diuturno desse espécime, comportamentos dignos do designativo "rabulares", merecem análise mais minudenciada.

O recorrente auxílio dos serviços de paqueiros, para a distribuição massiva de cartões de apresentação em pontos de grande movimentação nas grandes cidades, é recurso obrigatório nos meios rabulares para angariar clientes incautos. Não satisfeitos com a potencialidade de sua publicidade, os eméritos rábulas valem-se de outdoors humanos que, como salsicha espremida no meio de um pão, desfilam com enormes placas dependuradas, nas quais pode-se verificar toda sorte de inscrições: "Foi multado? Não Pague! Dr. Fulano de tal é a solução", "Limpe seu nome em 02 dias – Dr. Beltrano. Atende até às 10 da noite", "Foi demitido? Ponha no Pau! – Dr. Sicrano", e outras tantas quantas a desditosa imaginação rabular possa imaginar como hábeis ao fomento de suas atividades.

Outra característica do rábula é a tentativa de mostrar-se como alguém importante e extremamente solicitado por força de suas qualificações profissionais. Recordo, que quando criança, costumava ir junto com meu pai a um notável rábula que velava pelos interesses da família e, durante as consultas que duravam em média 20 ou 30 minutos, a secretária lhe passava nada menos que umas 20 ligações, todas urgentes e que reclamavam toda a sua experiência como causídico renomado da Região do Grande ABC Paulista. Nessas "importantes" ligações ele sempre mostrava-se autoritário com seus interlocutores e, até hoje, lembro de uma frase que era, invariavelmente, usada por aquele saudoso rábula, que ritimadamente batia o indicador da mão direita sobre a mesa e afirmava ao telefone: "Se não fizer como eu estou mandando, eu mando fechar o Cartório na próxima meia hora." Ao depois, lamentavelmente e por via reflexa, aquele "baluarte" do Direito fora desmascarado, quando um amigo de meu pai, que também era *habitué* do seu escritório, compareceu para ser atendido logo após o meu velho. Lembro como era cômico ele contar que o telefone das secretárias não houvera tocado uma vez sequer e, quando indagadas sobre o porquê do eminente patrono receber tantas ligações importantes durante as consultas, elas entregaram: "O Dr. Fulano exige que nós liguemos para ele a cada 05 minutos para que os clientes vejam o quanto ele é importante", e arremataram: "Se não ligarmos ele fica furioso".

Destaca-se, também, nessa esteira de vaidade do rábula, a publicidade de que todas as suas iniciativas são pautadas pela opção, jamais pela necessidade. Quando começa a incorporar serviços de cópias, plastificação, encadernação e outros de papelaria, sem prejuízo dos típicos de bazar, além da digitação de *"curriculum vitae"*, o rábula simplesmente declara que está ampliando o seu escritório. Ainda, neste mister, tem-se o rábula que quando não está logrando êxito como profissional liberal presta concurso para Oficial de Justiça e, quando chamado pejorativamente de "meirinho", dá carteiradas indiscriminadamente invocando sua condição de advogado.

Nos aspectos técnicos que permeiam a conduta profissional, rábulas e advogados divergem imensamente nos caminhos palmilhados. Na militância cotidiana do advogado, o princípio da legalidade é o que sedimenta sua conduta profissional, porém, ao revés, o rábula tem seu exercício profissional pautado, providencialmente, por princípios que retratam sua inconteste atecnia como operador do Direito. Princípios como o da fungibilidade dos recursos ou mesmo a parêmia *"Dabi factum dabo tibi ius"* são instrumentalizados sobremaneira por estes supostos jurisperitos que, agindo dessa forma, legitimam os seus erros descomedidos e, por que não dizer, indecorosos.

Diante dessas breves considerações que caricatamente ousamos levar a cabo, sem prejuízo de outras muitas características que a brevidade reclamada por este texto não nos permite colacionar e, também, *permissa venia*, sem querer imprimir efeito preconceituoso, discriminatório ou mesmo deletério aos profissionais, visamos enaltecer a ética no âmbito do Estatuto do Advogado e, sobretudo, a digna atitude da OAB que, por meio de seu Conselho Federal, tem, a todo custo, tentado extirpar a prática de condutas incompatíveis com a altivez e o respeito que o exercício de tão nobre profissão, legitimada pela Constituição Federal, reclama. Salve colegas Advogados!